민재보현 스님의 동화로 읽는

화엄경 약찬게 1권

글 | 민재보현   그림 | 서연진

보리와 선재

민재보현 스님의 동화로 읽는
화엄경 약찬게 1권

차례

* 책 머리에... · 7

① 선재 동자 문수 보살을 만나다 · 11

② 선재 동자와 보리살타 · 19

③ 구름대장 덕운 스님 · 25

④ 넓고 넓은 바다의 해운 스님 · 31

⑤ 해와 달을 만지는 선주 스님 · 39

⑥ 표음 다라니와 미가 장자 · 46

⑦ 온몸이 찬란하게 빛나는 해탈 장자 · 54

⑧ 반야바라밀다의 해당 비구 · 62

⑨ 근심과 두려움을 없애는 휴사 보살 · 70

⑩ 사슴가죽의 비목구사다라 선인 · 79

⑪ 칼산 불구덩 속의 승열 바라문 · 86

⑫ 지혜롭게 자비심을 내는 자행 동녀 · 93

⑬ 슌냐타와 선견 비구 · 99

* 발문 - (한국불교신문 주필) 승한스님 · 108

* 부록

    사이타마에서 온 편지 · 118
    - 민재 보현스님의 2022년 한국 불교신문신춘문예
      동화부문 입상작

    신춘문예 입상소감 · 132

    이생망의 등불 반야심경 · 134

책 머리에...

『사이타마에서 온 편지』가 2022년 한국불교신문 신춘문예 동화 부문에 입상하면서 나는 주인공 보리에게 동화책을 선물하기로 마음먹었다. 그리고 작년 여름, 승한 스님이 '화엄경 약찬게'로 연재동화를 써보라고 하셔서 얼결에 승낙하였다. 하지만 '화엄경 이야기'로 제목이 달라지면서 심적 부담감이 엄청나게 컸다. '대방광불화엄경'을 어떻게 풀어내야할지... 그래서 데스크에 제목을 바꿔 달라고 부탁했지만 수정하기는 어렵다고 했다. 전전긍긍하다가 보리의 낭랑한 목소리로 노래하는 '화엄경 약찬게'가 귓전을 울렸다.

그냥 .... 눈 딱 감고 53선 지식의 특징만 살려 이야기 해보자 싶으니 배에 힘이 들면서 등장인물이 어떤 사람이고 무슨 일을 제일 잘하는 지에 초점을 맞춰나갔다. 하지만 문제는 선지식들의 특징을 살리기에는 자료가 많지 않았다. 물론 광대한 경전을 두고 자료 운운 하는 것은 얼토당토 않으며 어린이들이 이해하기에는 분명 한계가 있고 그들의 이야기는 길지 않은 게 문제였다..

다행스럽게도 동화가 주는 재미와 상상력 때문에 그들의 스토리에 살을 붙일 수 있었다. 한국불교신문에 연재되는 동안 독자들이 가끔 선지식 외 등장인물의 안부를 물어온다. 특히 13편의 '슌냐타와 선견 비구'에서 슌냐타는 내가 지어낸 인물이고 선견 비구는 앞일을 잘 내다보는 선지식 이야기인데, 슌냐타가 나중에는 어떻게 지내느냐, 궁금하다고 물어보길래 아무 생각 없이 '몰라' 했다가 낭패를 당했다. 작가가 썼는데 왜 모르냐고... 내가 대답했다.

"내가 지어낸 이야기라 어떻게 살고 있는지는 상상에 맡길게요"라고 하고 위기를 간신히 면했지만 슬그머니 웃음도 난다. 아무쪼록 관심을 가지고 읽어주시는 독자 여러분께 감사한 마음은 호수만 하다.

'화엄경 약찬게'는 4, 3조의 운율이 있어 재미있게 수지독송 하지만 사실상 사람들이 뜻은 잘 모른다. 최고의 경전 속에 있는 약찬게를 소개하고 이야기할 수 있는 것만으로 비로자나 부처님께 고개를 숙여 감사함을 전하고 싶다. 그래서 늘 법신 진언을 한다. 내가 이 책을 통해 어린이 독자들에게 들려주고 싶은 이야기는 53 선지식들이 어떠한 인물인지 임팩트있게 정리하여 알려주고 싶었다. 비단 어린이뿐만 아니라, 어린이를 가르치는 스님들과 어른들도 이 책을 읽고 공감하며 포교 활동에 널리 도움이 되기를 부처님께 빌어본다.

이 책은 한국불교신문에 2022년 8월부터 연재해온 11편을 묶어서 책으로 엮었다. 앞으로도 53선 지식의 내용을 계속 연재하고 책으로 만들 예정이다. '화엄경 약찬게'를 쓰게 된 동기와 나의 문학 인생관에 관해서는 책 뒷 부분에 부록으로 엮어 두었다. 동화를 읽는데 도움이 되었으면 하는 바람이다.

　이야기가 책으로 나오는 동안 수고해 주신 한국불교 신문사 주간 승한 스님과, 김종만 편집국장 외 여러분. 삽화를 담당한 서연진 화백, 표지를 맡은 '디자인다다' 김다희 대표, 박사논문에 이어 출판을 도와준 '가을기획' 위명복 대표와 편집 담당 위슬기님, 보현정사 부주지 도성 스님, 유종숙 신도 회장님, 김진양(금강 보살님), 딸 이주영, 누구보다 동화가 재미있다고 기뻐해 주던 손녀 소윤이에게(보리의 모델) 감사드린다. 지난 이십 년이 넘도록 건강을 돌봐주신 '연세선우 의원' 한규식 원장님, 그리고 언제나 한결같이 곁에서 응원해주는 '다운승복' 정성례 대표와 모든 신도들께 고맙고 따뜻한 마음을 보낸다.

　또한 늘 기도할 수 있게 해 주신 부처님 법안에서 이루어졌음을 밝히며, 두 손 모아 간절한 마음으로 이 동화책을 비로자나 부처님께 바친다. '옴 아비라 훔캄 사바하'

2024년 3월 민재보현 합장

① 선재 동자 문수 보살을 만나다

불기 2567년,

석가모니 부처님의 생신을 맞이하여 인도의 기원정사에 비로자나 부처님과 노사나 부처님, 전법륜 왕, 문수 보살, 보현 보살, 사리자 불이 탄신을 축하하러 모여 앉았다. 모두 유명한 부처님과 보살님인지라 얼굴은 아주 맑고 깨끗하였으며, 서로 웃으면서 이야기하는 모습들도 정겹고 따뜻하였다. 그때 우당탕퉁탕 문을 박차고 용수 보살[1]이 케이크 상자를 들고 뛰어 들어왔다.

"어이, 친구…. 천천히 오시게나. 잘못하면 넘어집니다."

"아이고, 죄송합니다. 빵 가게에서 초가 2,567개는 없다고 해서 그냥 큰 걸로 세 개 얻어왔습니다요."

"왜 하필 세 개인가?"

석가모니 부처님께서 활짝 웃으며 물어보셨다. 짙은 송충이 눈썹에 코 밑에는 일자 수염, 양쪽 입꼬리 부근에는 팔자 수염이 멋들어지게 꼬여있는 용수 보살은 용궁을 마음대로 들락거리더니 용왕님을 닮아 기운이 펄펄 넘친다.

"아, 그게요. 법신, 보신, 화신[2]으로다가 딱 세 개…."

"오, 그렇군요."

석가모니 부처님은 답례로 미간[3]에서 흰털을 하나 뽑으시더니 에메랄드빛 푸른 보석처럼 광명[3]을 비추시자 모두가 환희심에 손뼉을 치며 기뻐했다.

그리고는 푸른 광명의 끝 자락에 아주 슬픈 표정으로 기도하고 있는 소녀를 보여 주셨다.

"저 아이는 누구입니까?"

문수 보살이 석가모니 부처님께 물었다.

"저 아이는 동방의 나라에서 부모님과 갓 태어난 동생을 위해 기도하고 있다네. 내가 지난 삼 년 동안 지켜 보았는데 하루도 빠짐없이 '화엄경 약찬게'를 하고 있었네."

"엣! 화엄경 약찬게는 내가 용궁에서 화엄경을 얻어다가 짧게 줄여 놓은건데…."

용수 보살이 푸하하! 웃음을 터뜨리며 노란 젤리로 장식한 망고 케이크를 덥석 집어 먹는다. 옆에 앉아 있던 보현 보살이 눈으로 웃어주며 케이크가 묻은 손가락을 살며시 잡아 물수건으로 닦아 준다. 보현 보살은 보현행원[4]으로 유명하신 분이다.

"약찬게는 스님들이랑 어른들도 어려워하는데, 아이가 어쩐 일로 하고 있을까요?"

"에헴, 약찬게는 화엄경 240만 자를 4.3조의 110구절을 770자로 만들어 외우기 쉽게 가락을 넣은 겁니다요."

"용수 보살님의 말이 맞아요. 저 아이는 보리라는 이름을 가진 아인데, 지난 삼 년 동안 코로나 때문에 아버지가 직장을 잃고 어머니는 아기가 생기는 바람에 집안 형편이 어려워지자 화엄경 약찬게를 노래처럼 불렀다고 해요. 그러면 신중님들이 춤을 추시는 것 같다고…."

석가모니 부처님이 빙그레 웃으시자 뜻을 알아차린 문수 보살이 무릎을 굽혀 절을 올리고 오른쪽으로 세 바퀴를 돈 뒤 석가모니 부처님 곁으로 나섰다.

"그럼 선재 동자를 불러올까요?"

석가모니 부처님은 말없이 환한 미소를 지으시며 고개를 끄덕인다. 선재 동자는 이미 화엄경 약찬게에 나오는 '53 선지식'을 다 만났으며 마지막 보현 보살님의 보현행원을 다 이룬 동자이다.

며칠 뒤, 문수 보살은 지혜와 신통력 제일인 사리자와 함께 선재 동자의 고향 복성마을을 찾아왔다. 선재는 예전에 부처님이 오셔서 법문을 하시던 사라나무 숲속에 있는 커다란 왕탑을 청소하고 있었다. 문수 보살님께 무릎을 굽혀 절을 한뒤 오른쪽으로 세 바퀴를 돌고 그 옆에 앉았다.

"여전히 착하고 착하구나, 선재야. 오늘은 부처님 심부름을 왔다. 부처님께서 동방의 나라에 사는 보리를 데리고 오라고 하시는구나."

"왜요?"

"그 아이는 '화엄경 약찬게'의 뜻도 모르면서 삼 년 동안 열심히 염송[5]하며 기도했다고 한다."

"나이가 어린데도 약찬게를 한다구요?"

"그냥 노래처럼 부르기 좋아서 했대."

"그럼 당연히 얼굴도 예쁘겠죠?"

"음…. 마음의 눈…, 즉, 혜안으로 보면 이뻐."

"그러면 부처님께서 원하시는 게 뭔가요?"

"아마도… 약찬게에 나오는 '53명의 선지식[6]'을 만나게 해 줘서 기도하는 뜻도 알고 기쁨과 보람을 누리게 하고 싶으신 가 봐. 그리고, 참! 지남도는 갖고 있지?"

"지남도요? 아, '53 선지식' 여행 지도! 찾아볼게요."

"그리고 선지식을 만나려면 어떻게 해야 하는지 잊어버리 지 않았지?"

"네, 첫째로 게으름을 피우면 안 됩니다.

둘째는 가르치는 말씀에 순종하고 셋째는 남의 잘못을 손 가락질하거나 비웃으면 안 됩니다."

온화한 미소로 문수 보살님이 선재 동자의 머리에 손을 얹어 축복을 해주는 순간, 동자는 지난날 '53 선지식'을 만났던 기억이 모두 사라졌다. 또 춥고 배고픔도 느낄 수 없게 되었다.

① 선재 동자 문수 보살을 만나다

선재는 갠지스강 강가에서 몸을 깨끗이 씻고 사라나무숲 부처님의 커다란 왕탑 아래서 사흘동안 기도했다. '53 선지식'을 만나는 긴 여행이 탈없이 잘 이뤄지게 해달라는 간절한 염원을 담은 기도였다. 그리고, 반달 같은 눈썹이 쭉 당기도록 머리를 총총 묶어 두 갈래로 꽁지머리를 틀어 올린 뒤, 허리춤에 무화과 열매 같은 오색구슬 주머니를 차고 보리가 있는 동방의 나라로 향했다.

복성마을에서 동방의 나라 금강마을까지는 4,670 킬로나 떨어져 있어 오랫동안 걷고 또 걸어야 했다. 또한 동방의 나라는 사계절이라 장맛비가 왔다가 낙엽이 지더니 눈보라가 휘몰아쳤다. 걷고, 걷고, 또 걷다가 겨울이 되어 처음 만난 눈은 혀를 내밀면 달콤한 사탕같이 맛있을 줄 알았으나 아이쿠! 웬걸…. 작은 눈송이와 바람이 같이 날아와서 선재 동자의 얼굴을 매섭게 때렸다. 걸어가기가 점점 힘든 그는 차라리 기어가는 게 편하다 싶어 땅바닥을 기기 시작했다. 그러자, 눈이 와서 좋다고 뛰어다니던 동네 강아지들이 친구인 줄 알고 냄새를 킁킁 맡으며 다가오다가 얼굴을 보더니 꽁지가 빠지게 도망을 간다. 얼마나 기었을까. 해가 보이지 않아 아침인지 낮인지 저녁인지 분간하기도 힘들었다.

"도대체 애를 어디 가서 찾지?"

춥거나 배고픈 것은 문수 보살님의 마술 같은 신통력으로 해결되었으나, 보리를 찾을 방법은 어떻게 할 수가 없었다. 그냥 몸으로 눈으로만 보리를 찾아야만 했다.

"아아…. 이래서 육안, 혜안, 법안[7]하셨던 거구나"

선재는 기운이 빠져 축축한 땅바닥에 그만 주저 앉아 버렸다. 얼마가 지났을까…

그런 선재의 마음을 알고 위로하듯 눈보라가 차츰 차츰 줄어들더니 언제 그랬냐는 듯, 해가 쨍쨍 비춘다.

그는 헝클어진 머리를 다시 빗어 올리고 양지바른 곳에 앉아 손을 모으고 기도한다. "부처님, 보리가 있는 곳을 제발 좀 가르쳐 주소서, 옴 아비라 훔캄 사바하!…."

하지만 기도는 좀처럼 이루어지지 않았다. 부처님께서 지금 바쁘신가? 심부름 시키실 때는 언제고 왜, 내 기도를 안 들어주시는 거지….

> 옴, 아비라 훔캄 사바하. 옴 아비라 훔캄 사바하. 옴 아비라 훔캄 사바하…. (49번)

그때 어디선가 와글와글 개구리 우는 소리가 들렸다. 지금 한겨울인데 웬 개구리 울음소리 소린가 싶어 보리는 밖으로 나와 사방을 둘러보았다.

1) 용수 보살 : 인도의 승려, 대승불교의 아버지, 제 2의 부처님이라고 함.
2) 법신 : 비로자나 부처님, 보신 : 노사나 부처님, 화신 : 석가모니 부처님.
3) 미간 : 눈썹과 눈썹 사이. 광명 : 밝고 환한 빛.
4) 보현행원 : 보현 보살의 십대 원을 행하는 것. (부처님을 따르고, 찬탄하며, 베푸는 일 등..)
5) 염송 : 마음으로 생각하면서 외우는 기도.
6) 선지식 : 수행자들의 스승으로 성품이 바르고 덕행을 갖춘 사람
7) 육안 : 사람의 눈. 혜안 : 마음으로 보는 눈. 법안 : 부처님법으로 보는 눈.

② 선재 동자와 보리살타

보리가 길가 양지바른 곳, 와글와글 소리가 나는데로 가까이 갈수록 그것은 개구리가 아닌, 사람이 내는 소리였다. 머리카락을 찹쌀 도넛같이 동그랗게 돌돌 말아서 염소 뿔처럼 머리 꼭대기에 올린 데다가, 이마는 툭 튀어나와 반짝반짝 빛을 내고 있으며 얼굴은 서양 인형같이 잘생긴 오빠였다. 그리고 합장[1]한 채 중얼중얼 뭐라 하는데 너무 빨라서 알아 들을 수가 없지만 개구리들처럼 와글와글은 아닌 것 같았다.

"무슨 말을 하는 거지…. 오 옹…, 앗싸라비야… 홍캉 쓰바…."

보리는 어느새 그 앞에 섰다. 선재 동자는 햇빛을 가로막는 작은 아이를 쳐다보았다.

"너, 누구야?"

"나? 보리…."

보리는 금세 얼굴이 빨개져서 고개를 떨군다.

"너 화엄경 약찬게 알아?"

보리가 눈을 동그랗게 뜨면서 놀란 표정으로 고개를 끄떡인다. 선재가 손뼉을 탁, 치며 자리에서 일어났다. '아이고, 부처님께서 기도를 들어주셨네. ㅋㅋㅋ ㅋㅋㅋㅋ

"우와아! 너 화엄경 약찬게 외워봐."

얼떨결에 보리는 평소 하던대로 두 손을 모으고 눈을 감은 채 염송하기 시작했다. '대방광불 화엄경, 용수보살 약찬게, 나무화장 세계해, 비로자나 진법신, 현재설법 노사나, 석가모니 제여래….'

"이제 그만…. 너의 그 석가모니 부처님께서 비로자나 부처님의 바다에 보배 흰 연꽃이 가득 찬 신비로운 광경을 네게 보여주래."

"정말? 그러면 보현, 문수 대보살님도 만나?"

"어떻게 알았어? 근데 왜 반말을 해? "

"오빠가 먼저 반말했잖아? 그리고 약찬게에 나오잖아, 대자재왕 불가설, 보현문수 대보살, 법혜공덕 금강당, 금강장급 금강혜, 광염당급 수미당, 대덕성문 사리자, 급여비구 해각등, 우바새장 우바이, 선재동자 동남녀…."

선재는 정말 노래를 부르듯 몸을 살짝살짝 흔들며 진심으로 기도하는 보리가 예쁘다는 생각이 들었다. 아아, 문수 보살 님이 이래서 혜안으로 보라 하셨구나…. 선재는 저도 모르게 잔잔한 미소를 지었다. 또 자신의 이름을 불러 주니 기분이 좋았다.

"근데, 누구랑 가?"

"네가 금방 말했잖아, 맨 마지막에…."

"마지막? 동남녀, 아이들?"

선재가 보리 옆으로 바짝 다가서더니 귀에다 대고 '나, 오빠. 선재 동자!' 하고 소리를 질렀다. 보리는 깜짝 놀라 한발 뒤로 물러났다. 그러고는 다시 얼굴이 빨개진다. 선재는 보리에게 일일이 다 설명해줄 수는 없었지만 그에게는 육천 명의 스님과 이천 명의 불교 신도들과 어린이들이 보이지 않게 따라와 있었다. (비구[2], 육천. 우바새[3], 오백. 우바이 오백. 동남녀, 각각 오백)

"언제 가는데?"

"지금 가야 해, 너 찾느라 시간을 많이 뺏겼어."

"엄마랑 아기랑 아빠한테 다녀온다고 말해야 하는데…."

"부모님은 모르시게 너의 꿈속으로 내가 들어갈 거야. 그러니 얼른 집에 가서 자."

보리는 침대 머리맡에 여행에 필요한 준비물을 챙겨놓고 엄마와 아기, 아빠에게 뽀뽀를 한 다음 잠자리에 들었다. 잠이 살짝 들 무렵, 보리의 눈에 눈물이 맺혔다.

이제 언제 올지 몰라…. 사랑하는 내 가족들…. 건강하시고 우리 다시 만날 때까지 안녕히 계세요. 꿈속에서라도 제가 지켜드릴게요….

　선재는 보리가 꾸물거리는 게 몹시 불안해졌다. 혹시 안가겠다면 어떡하나 싶었으나 문수 보살님이 이미 보리의 마음을 꽉 잡아놓은 상태여서 걱정할 필요가 없다 하셨어도 보리가 잠들 때 흘린 눈물이 마음에 걸렸다.
　꿈속으로 들어간 선재는 '지남도'를 펴들고 승락국을 찾았다. 승락국에서 묘봉산이 어디 있는지, 또 '53선지식 중 제1 초발심주[4]의 선지식' 덕운 비구가 산꼭대기에서 염불 삼매에 빠져있는 그림을 찾아냈다. 처음 가는 길인데 왠지 익숙하고 꿈속에서의 길은 무척 빨랐다. 왜냐하면 날아다닐 수 있었기 때문이다.
　승락국 사람들은 모두 손에 염주를 쥐고 다니며 아이들과 어른들은 칭명 염불[5]을, 할아버지와 할머니들은 눈을 감고 마음으로 관상 염불[6]을 하고 있었다. 보리는 사람들이 눈을 감고 염주를 돌리면서 길을 걷는데도 넘어지지 않는게 신기했다.

"염불 삼매[7]에 빠지면 부처님을 만날 수 있어. 넘어지지도 않고 혹시 넘어져도 아프지 않아…."

선재가 보리의 마음을 알아차린 듯 설명해주며 승락국 사람들에게 덕운 스님이 어디에 계시는지 물어보았다. 사람들은 이구동성으로 말했다.

"그 스님은요, 묘봉산 꼭대기에 살고 있는데요. 과거에도 살았고, 지금도 살고 있고, 미래에도 그곳을 떠나지 않을 거라 하셨습니다."

하지만 묘봉산 꼭대기 그 어디에도 덕운 스님은 계시지 않았다. 산골짜기와 동굴바위, 나무 숲속까지 사방팔방을 찾아다녀도 보이지 않아 선재 동자는 보리와 함께 일주일 만에 찾는 것을 포기하고 산에서 내려오기로 하였다.

"나참, 도대체 어디에 계신 거야. 사람들이 다 꼭대기에 계신다고 했는데…."

"속상할 때는 눈을 감고 기도해야지, 오빠 아까 뭐라고 했잖아…. 오 옹… 앗싸라비야, 홍 캉 쓰바…."

"내가 언제 그랬어?"

"그렇게 들었는데…. 오 옹 앗싸라비야, 홍캄이던가…."

"아하하! 법신진언, 옴 아비라 훔캄 스바하. 근데 머, 오 옹 앗 싸라비야…. 킥킥킥…."

"그게 진언이었어? 법신진언은 또 뭐야? 처음에 들었을 때는 개구리 우는 소리처럼 와글와글 거리던데…."

선재는 보리의 해맑게 웃는 모습을 보니 살짝 치밀었던 짜증이 가라앉았다. 그리고 보리가 오빠라고 불러줄 때마다 심쿵! 마음이 울렸다.

"그건 비로자나 부처님을 칭송하는 진언이야. 진언을 천천히 해야 하는데 49번씩 하려니까 나도 모르게 빨라져서 그래."

보리는 진언을 천천히 가르쳐 달라고 부탁했다.

"옴, 아비라, 훔캄, 스바하. 옴, 아비라, 훔캄, 스바하"

선재는 입을 야무지게 오물었다 폈다가 하면서 열심히 따라 하는 보리가 귀여워 손가락으로 보리 이마를 살짝 튕겼다. 그러자 보리가 몸을 비틀며 으음 신음 소리를 낸다.

아이쿠! 애는 지금 꿈을 꾸는 상태지. 선재가 깜짝 놀라 튕긴 이마를 살살 쓰다듬으며 보리를 토닥여 준다. 그 모습을 근처 낮은 산봉우리에서 '제1 선지식' 덕운 스님이 자비로운 미소를 지으며 지켜보고 있었다.

1) 합장 : 두 손 바닥을 마주대고 하는 인사
2) 비구 : 계를 받은 스님.
3) 우바새 : 불교를 믿는 남자, 우바이 : 불교를 믿는 여자
4) 초발심주 : 처음으로 믿음을 내어 마음 먹는 것
5) 칭명 염불 : 이름을 부르면서 하는 염불.
6) 관상 염불 : 마음속으로 생각하면서 하는 염불.
7) 삼매 : 잡된 생각을 버리고 오직 한 가지 생각만 하는 것

③ 구름대장 덕운 스님

덕운 스님이 빙그레 미소를 띠며 그들을 오라고 손짓하자 선재와 보리가 가까이 다가가기도 전에 하늘 높이 떠있던 구름들이 몽실몽실 덕운 스님 곁으로 몰려왔다. 그중에는 가장 높은 곳에서 멀리를 바라보는 새털 구름과 많은 친구를 데리고 다니는 양떼구름, 저녁 어스름에 햇님 주위를 돌면서 금빛과 은빛 푸르고 붉은 빛을 내는 채운[1] 구름도 있었다.

"저 스님은 좋은 일을 아주 많이 해서 여기 즐거운 것이 가득한 승락국[2]으로 오셨대."

"무슨 좋은 일?"

양떼구름이 말하자 오색구름이 물었다

"아, 아... 강화섬 집 이야기구나!"

새털구름이 다 알고 있다는 듯이 자신만만하게 하늘을 한 바퀴 가볍게 날았다.

"옛날에 스님이 늙은 아버지와 함께 강화섬에 삼년 동안 쉬지 않고 열심히 집을 지었는데, 욕심 많은 형이 다 지은 집을 빼앗아 버렸어. 그러자 늙은 아버지는 슬퍼한 나머지 병들어 죽어버리고 덕운 스님은 형에게서 쫓겨나 이산 저산 옮겨 다니며 움막을 짓고 살았지. 이에 노여워하던 산신할아버지가 산신할머니와 함께 천둥과 번개들에게 부탁해서 형이 살고 있던 집을 비바람과 번개로 부숴버리고 형도 태풍에 날아가 눈이 멀고 팔 다리가 부러진거야. 또 강화섬 일대가 모두 쑥대밭이 되고 덕운 스님은 장님이 된 형을 움막으로 모셔와 극진히 돌보아 주었대. 그 바람에 어렵게 된 강화섬 사람들도 정성껏 챙겨주어 사람들이 욕심 많고 못된 형을 버리지 않고 돌봐주는 것을 보고 공덕이 구름처럼 많다고 해서 덕운이라 지었대."

"그걸 니가 어떻게 알아?"

채운구름이 화르르 흥분을 해서 물었다.

"내가 다 봤잖아. 우리 새털 구름은 높은데서 이리저리 떠다니며 다 볼 수 있거든."

"맞아. 내 친구들도 스님이 사람들 도와주는 모습을 종종 보았대."

양떼구름이 친구들을 돌아보며 어깨를 으쓱했다.

"아하, 그래서 덕운 스님 주변에 구름들이 많구나. 묘봉산은 마음의 꼭대기에서 사람들의 마음에 복을 주고 자비심으로 어둡고 슬픈 그림자를 덮어주는 곳인데 스님은 공덕과 자비를 베풀려고 여기저기 산들을 돌아다니셨구나."

"구름을 타고 다니니까 사람들이 묘봉산을 떠나지 않는다고 생각했구먼."

구름들이 옹기종기 모여들여 이야기하는 것을 듣던 선재 동자는 그 앞으로 나아가 엎드려 덕운 스님 발에 절하고 오른 쪽으로 세 번 돈 뒤 말하였다.

"덕운 스님, 저 아이는 보리라고 해요. 지난 삼년 동안 가족들을 위해 화엄경 약찬게를 열심히 염송하였습니다. 부처님께서 저와 보리가 한없는 깨달음을 성취하여 자비로운 마음으로 많은 사람들에게 자비행[3]을 베풀라 하셨는데, 제2선지식께서 어떻게 하면 되는지 방법을 알려주세요."

보리는 갑자기 구름들이 운집한 것과 스님이 구름을 타고 다니는 게 신기하고 이상해서 몸이 부들부들 떨렸다. 하지만 선재 동지가 절을 하는 모습에 두 손을 모아 합장 하고 절을 하였다.

덕운 스님이 보리의 머리에 손을 얹어주시며 따뜻하고 부드러운 목소리로 말했다.

"착하고 착한 보리여, 나는 제1선지식으로 덕운이라고 한다. 부처님의 가피로 모든 장애에 걸림이 없어 눈이 맑고 청정해져 지혜의 빛이 밝게 빛나게 되었다. 그 이유는 어려움에 처할 때마다 늘 부처님을 공경하고 봉양하였으며 하루도 빠짐없이 염불을 하였다. 아버지와 집을 지을 때도 입으로는 늘

염불을 하였더니 마음이 편안해지고 욕심이 사라졌단다. 또한 모두를 측은지심으로 바라보는 혜안이 생겨 나쁜 짓을 한 사람들의 악행4)을 덮어주게 되었지…"

보리는 합장한 채 고개를 숙이고 생각했다. 저 스님은 사람이 아니야, 나쁜 사람이 악행을 저질렀으면 벌을 줘야지… 아마도 극락에서 온 천사인가? 그러기에는 옷이 좀 꾀죄죄한데… 천사는 옷이 반짝반짝거리는데… 코로나 때문에 극락세탁소도 문을 닫았나? 나는 조금만 잘못해도 엄마가 혼내는데 덕운 스님이 엄마라면 혼날 일이 없겠구만… 근데 아무리 생각해도 옷을 좀 빨아드리는 게 좋을 것 같애…

보리가 주먹을 불끈 쥐고 천천히 고개를 드는 순간, 구름들이 재빨리 움직이면서 따뜻한 비구름을 만들더니 덕운 스님한테 뿌리기 시작했다. 옷이 점점 깨끗해지자 새털구름이 랄랄라 노래 부르며 묘봉산 꼭대기로 올라가고 양떼구름들도 들판을 달리듯 우루루 모여서 산등성이를 따라 올라갔다. 오색구름은 아직 해가 지지 않아 그 옆을 빙글빙글 돌며 스님의 옷들을 깨끗하게 말려주었다.

"아이구! 금방 옷이 깨끗해졌네요. 역시 선지식입니다요. 그럼 저희들도 매일매일 염불만 열심히 염송하면 될까요? 노는 입에 염불하라는 말도 있잖아요?"

선재 동자의 말에 덕운 스님이 하하하... 웃었다.

"그렇지, 노는 입에 염불이라... 근데 놀 시간은 없어, 그냥 염불을 마음으로 계속하면서 밥도 먹고 공부도 하고 잠도 자야 되니까... 염불도 자기의 업5)에 따라 하는 거예요. 부처님이 앉으신 분타리카 연꽃의 법계에 널리 퍼져나가야 하는게 염불이고 그냥 노는 입에 염불은 너무 정성이 없는 거지, 마치 허공에 대고 하는 거나 똑같은 거야. 그래서 나도 걱정이 있어, 부처님이 소유하신 몸에 구름법계6)와 염불로 허공계7)를 장엄하려면 어떻게 해야 되는지 선재 동자가 여기보다 더 남쪽으로 내려가 해운 스님에게 물어봐 주겠나?"

"거기 가서 무엇을 여쭤봐야 하는 겁니까?"

"아주 크고 넓은 자비의 바다에 들어가 악연을 선연으로 바꾸고 깨달음의 바다에서 자비의 힘을 키우는 방법을 물어 보아라"

선재는 보리의 손을 잡고 덕운 스님을 우러러 본 뒤 남쪽으로 향했다.

얼마를 갔을까, 푸른 바다가 보이기 시작하더니 사람들이 큰 소리로 웅성거리며 펄쩍펄쩍 뛰어 다니고 있었다.

"야아, 돔배기 많이 잡았다. 우와아, 이건 대풍인지 댓방인지 무조건 좋다야. 오늘은 무척 많이 걸렸네."

남쪽의 남쪽 해운국은 바다가 깊어 상어들이 많이 살았다.

1) 채운구름 : 태양 부근을 지나는 구름이 붉고 푸르게 무지개처럼 번갈이 채색되어 있는 구름
2) 승락국 : 신심이 높아 즐거움이 많은 나라
3) 자비행 : 자비로운 마음으로 행동하는 것
4) 악행 : 나쁜 일을 저지르는 행동
5) 업 : 몸과 입으로 짓는 착한 행동과 나쁜 행동
6) 구름법계 : 구름처럼 우주의 모든 사물이 부처님의 법안에 있는 세계
7) 허공계 : 모든 우주의 세계

④ 넓고 넓은 바다의 해운 스님

　사람들의 떠들썩한 소리에 즈냐상어는 눈을 감았다.
　'큰일났네... 뱃속에 아기들은 어떡하지? 좀더 깊고 조용한 데를 찾아 아기를 낳고 싶었는데 운이 나빠 그물에 걸렸구나. 정말 큰일났다, 좀 있으면 아기들이 나올텐데...'
　즈냐상어는 저도 모르게 눈물을 뚝뚝 흘리며 이제 곧 태어날 아기 걱정에 하늘이 캄캄해졌다. 눈을 떠봐야 그물 속에 잡힌 신세라 어떻게 해볼 도리가 없는 탓도 컸다.
　"우와아, 이 상어는 다른 상어보다 크네... 배도 통통하고... 아저씨, 이 상어 제가 살게요. 손님들도 살이 많아 좋아하겠어요."
　뚱뚱하고 마음씨 좋게 생긴 횟집 아줌마가 기분이 좋아 싱글벙글 웃으며 즈냐상어를 횟집 수족관에 넣어보려 하는데 너무 커서 수족관이 꽉 차버렸다.

"아이고, 상어가 너무 크네. 오늘 당장 요리를 해야겠다. 돔배기 탕이랑 전을 맛있게 부쳐봐야지… 근데 배가 너무 불러 보이네."

아줌마가 배를 툭툭 건드리자 배에 힘을 잔뜩 주고 있던 즈냐[1]는 아기를 저도 모르게 쑥 낳고 말았다. '첫 번째 아기는 '금강(바즈라[2])이라고 짓고 싶었는데 수족관에서 낳게 되다니', 즈냐는 다가올 위험에 몸이 떨렸다. '이 아이는 강하고 단단하게 키우고 싶었는데 오늘 밤을 못 넘기게 생겼으니 바즈라한테 넓은 바다를 보여주지 못해 안타깝구나…' 하지만 배는 진통으로 계속 아파 오고, 그걸 모르는 아줌마는 새끼 상어를 보더니 놀라서 소리를 질렀다.

"어머, 어머, 상어가 새끼를 낳았어. 아유! 귀여워라… 살이 찐 게 아니라 새끼를 가졌나 봐…"

사람들이 상어가 새끼를 낳았다는 소리에 우르르 횟집으로 몰려들었다. 선재 동자와 보리도 수족관 앞으로 다가갔다. 엄마 상어는 괴로운지 눈을 뜨지 못하고 새끼 상어는 똘망똘망한 모습으로 엄마 주변을 빙빙 돌고 있었다. 잠시 뒤에 새끼들이 줄줄이 태어났다. 어떤 새끼들은 두 마리가 겹쳐 나오려고 해 아줌마가 손을 넣어 차례로 한 마리씩 빼 주었다. 보리가 세어보니 모두 열두 마리가 나왔는데 그중 첫 번째로 나온 아기가 제일 건강하고 씩씩해 보였다. 새끼들은 엄마 옆에 붙으려고 좁은 수족관 사이에서 서로 마주치지 않게 헤엄치며 엄마 배와 자신의 등을 어떻게든 붙여보려고 기를 쓰고 있었다.

"아이고, 오늘 장사는 다 했네. 비싸게 주고 사 왔는데 잡아먹을 수도 없고… 하지만 경사스러운 날이기도 하네요. 수족관에서 새끼를 낳았으니 좋은 징조 아니겠어요."

"맞아 맞아, 엄마 돔배기 살려줍시다."

사람들이 모두 손뼉을 치며 경사가 났다고 축하해주었다

그러나 수족관이 비좁아 숨쉬기 힘들었던지, 새끼 상어들이 비실비실 바닥에서 꼼짝하지 않고 있었다. 즈냐가 입으로 툭툭 건드려 보지만 여러 마리의 새끼들은 숨도 쉬지 않았다. 그때, 선재가 말했다.

"참, 우리는 해운 스님을 만나러 왔는데…"

보리도 깜짝 놀라 바다를 쳐다보았다. 우렁우렁 바다에서는 십 미터가 넘는 범고래[3]를 타고 해운 스님이 쩌렁쩌렁한 목소리로 선재를 불렀다.

"야, 이놈들아! 바다에 왔으면 나를 찾아야지. 거기서 뭣들 하는 게냐."

선재가 깜짝 놀라 엎드려 해운 스님의 발 앞에 절을 하고 오른쪽으로 세 번 돌기를 마치고 이렇게 말했다.

"거룩하신 스님이시여, 저는 자비의 바다에서 욕심을 날려 버리고 모든 난관[4]과 나쁜 길을 없애고 악연을 선연으로 바꾸고자 합니다. 어떻게 도를 이루어야 하는지요."

해운 스님이 범고래의 등에서 내려 선재 동자의 이마에 손을 댔다.

"착한 선재 동자야, 너는 그래서 한없는 자비의 깨달음을 얻고자 하느냐?"

"예, 여기 보리도 함께 깨닫고자 같이 왔습니다."

"그럼, 저기 악연을 선연으로 바꾸는 곳으로 가보자."

해운 스님은 그들을 횟집 앞으로 데리고 갔다. 그사이 즈냐는 많은 새끼를 낳느라 기운이 빠져 기진맥진해 있었다. 바즈라는 동생들이 자꾸 죽어가는 모습을 보면서 엄마도 죽을까 봐 즈냐 옆을 뱅뱅 돌며 '엄마 죽지 마세요. 제발 눈을 떠 봐요' 하면서 수없이 엄마에게 입을 맞추고 있었다. 바즈라가 다가오면 즈냐도 있는 힘을 다해 아기에게 사랑스러운 입맞춤을 해주려 애썼다. 수족관 앞에서 사람들은 다 죽고 세 마리만 남은 새끼 상어와 지친 모습이 역력[5]한 엄마 상어가 불쌍해 발을 동동 굴렸다.

"무얼 먹여야 할텐데... 뭘 주나? 저러다 나머지 애들이랑 어미도 곧 죽을 것 같네."

"깊은 바다에 사는 상어라 깊은 바다의 물고기나 오징어를 먹는다고 하던데, 그거라도 줘봐요."

"우리는 오늘 산오징어가 없어요."

횟집 아줌마가 말했다.

"아, 우리 집에 있어요. 몇 마리나 가져올까?"

옆집 아저씨는 얼른 뛰어가 산오징어를 갖고 오다가 해운 스님을 발견하고 그 자리에 무릎을 꿇었다.

"아이고, 바다를 지켜 주시는 스님오셨네. 용왕님보다 더 높으신 분이시여!"

그 소리에 모두 깜짝 놀라 스님의 발 앞에 엎드려 절을 하였다. 해운 스님이 손을 양옆으로 벌리더니 주변 사람들에게 마정수기[6]를 내려주고 바다를 향해 소리쳤다.

"착하고 착한 사람들이여, 여러분들의 선한 마음씨가 즈냐와 바즈라를 살렸구나. 하지만 저 아이들이 언제 죽을 지 모르니 얼른 딴 데로 옮겨야겠다. 오, 옴... 평등과 자비로운 부처님이시여! 백만 다라니[7]의 보배로움으로, 저 불쌍한 중생들에게 보안법문[8]을 내리시어 본래의 바다로 들어가는 서원을 이루어 주소서... 원성취진언!!! 옴 아모카 사르바 다라 사다야 시베훔 (108번)"

그러자 바다에서 놀라운 일이 벌어졌다. 해운 스님이 진언을 108번 외우는 동안 범고래가 백사장 쪽으로 물을 뿜어 주었다. 어느새 튼튼한 유리 장벽[9]이 세워지고 그 속에 바닷물이 가득찼다. 보리는 믿을 수 없는 눈앞의 광경에 가슴이 두근두근, 사지가 벌벌 떨렸다. 하지만 선재 동자는 보리의 손을 꼭 잡아주며 괜찮다고 말했다. 집채만한 아쿠아리움이 생기자, 물속에 따라 들어온 물고기와 오징어들이 헤엄치고 사람들은 커다란 수건으로 즈냐의 눈을 가려 들어 옮기고 바즈라와 동생은 뜰채로 건져 아쿠아리움으로 옮겼다. 즈냐가 입을 벌리지도 않았는데 물고기들이 약속이나 한 듯 차례로 그의 입속으로 들어갔다. 즈냐는 감동의 눈물을 흘렸고 바즈라도 엄마가 먹이를 먹고 기운 차리는 모습에 덩달아 기분이 좋아졌다. 이때 해운 스님이 말했다.

"자, 이것이 악연을 선연으로 바꾸는 모습이다. 그물에 잡힌 것은 악연이지만 새끼를 낳았으므로 사람들은 착한 마음이 생겨 이들을 돌봐주기로 한 거지. 그게 선연이야… 하지만 새끼들은 밥 먹는 법을 모르니 선재와 보리가 당분간은 먹이를 먹여줘야 해."

보리가 아쿠아리움을 어떻게 들어가나 걱정하는 사이, 선재 동자는 옆집 아저씨가 가져온 산오징어를 잘게 잘라 바즈라에게 먹여주고 있었다.

"아니, 저기를 어떻게 들어갔지?"

"일체유심조[10]라 마음만 먹으면 들어갈 수가 있단다."

해운 스님이 보리를 안아 아쿠아리움에 쏙 넣어주자 보리는 물속이지만 숨쉬기가 편해졌다. 바다 수영을 한 번도 안 해본 보리였으나 마음먹은 대로 몸이 움직여졌다.

  '이게 일체유심조라는 건가...' 하지만 선재는 바즈라가 아무것도 먹지 않아 속이 상했다. 그 후 사흘 동안 새끼 상어들은 먹이를 거부한 채, 움직이지도 않았다. 선재와 보리는 억지로 그들의 입을 벌려 오징어 조각을 넣어주었다. 바즈라가 며칠 사이 생긴 습관으로 자기도 모르게 받아먹게 되자 나머지 동생들도 본능적으로 먹기 시작하고 즈냐는 유리 벽에서 깊은 바다로 내려가려고 머리를 부딪쳐가며 사방을 빙빙 돌았다. 비쩍 말랐던 새끼들이 정신을 차릴 때 쯤, 해운 스님의 법력으로 이들은 유리 장벽이 걷힌 바닷속으로 들어갔다. 즈냐는 깊은 바다로 혼자 유유히 내려가서 심해[11]를 확인한 뒤, 다시 올라와 새끼들을 데리고 갔다. 떠나가면서 바즈라와 즈냐는 고맙다는 인사를 하듯이 뒤놀아보며 사람들을 향해 꼬리를 살랑살랑 흔들고 눈을 껌벅거리더니 씩씩하게 헤엄쳐갔다. 사람들은 그 모습에 감동하며 훌쩍훌쩍 울었다. 비록 물고기지만 서로의 사랑이 얼마나 큰 건지...

  선재와 보리가 크나 큰 존경심으로 해운 스님께 엎드려 절을 하자 스님이 말했다.

  "나는 부처님이 계신 데서 천이백 년 동안에 보안법문을 받아 날마다 보배광명인 다라니를 외운 덕분에 깊은 바다 가득한 보배 다라니의 이치를 깨달았다. 하지만 이 세상을 두루

넓게 보는 보안법문을 알아 모든 사람을 구원하고, 세상을 복되게 하는 자비를 베풀어 해탈의 경지에 이르게 하는 게 나의 소원이다. 선재 동자는 이 모든 것을 자유자재로 행동할 수 있는 선주 스님을 찾아가 해탈의 보살도[12]를 물어보거라."

선재가 합장을 한 채, 인사를 하는 동안 보리는 갑자기 엄마와 동생이 사무치게 보고 싶어졌다.

"나, 집으로 돌아갈래. 엄마가 보고 싶어. 엄마! 엄마아…"

---

1) 즈냐 : 산스크리트어로 지혜로움을 뜻함. 노력하다는 뜻도 있음.
2) 바즈라 : 산스크리트어로 금강, 혹은 금강저라고도 함. 모든 악을 물리침.
3) 범고래 : 바다에서 최고의 포식자로 알려져 있으며 자식 사랑이 남다른 고래로서 지능이 아주 높다. 몸에는 흰 반점이 있어 귀여워 보임.
4) 난관 : 일을 헤쳐 나가기 어려울 지경.
5) 역력 : 모습이 뚜렷하게 보임.
6) 마정수기 : 이마를 만져주면서 부처님 법의 지혜와 능력을 부여해줌.
7) 다라니 : 산스크리트어로 된 불교용어로 부처님의 가르침을 외우는 진언이며 신비한 힘을 가짐.
8) 보안법문 : 넓은 세상을 두루두루 볼 수 있는 눈을 가진 법문.
9) 장벽 : 밖을 가로막은 벽.
10) 일체유심조 : 모든 것은 마음먹기에 따라 이루어진다는 말.
11) 심해 : 깊은 바다
12) 보살도 : 보살들이 닦고 실천하는 수행의 길. 보살이라함은 보리 살타의 준말로 깨달은 사람, 혹은 지혜를 가진 사람

⑤ 해와 달을 만지는 선주 스님

선재는 갑자기 엄마가 보고 싶다고 울고 있는 보리를 보자 어떻게 해야 할지 방법이 생각나지 않았다. 빨리 남쪽보다 더 남쪽에 있는 능가산으로 선주 스님을 만나러 가야 하는데 땅바닥에 주저앉아 이제는 대놓고 펑펑 울고 있다. '내가 무얼 잘못했지? 해운 스님과 즈냐와 바즈라를 같이 본 거뿐인데...' 선재는 우선 달래보기로 마음 먹고 보리와 눈을 맞춘다.

"보리야, 너네 동네는 엄마가 보고 싶으면 주저앉아 펑펑 울어야 엄마가 오시니?"

"아니, 흑흑... 이렇게 운다고 엄마가 오시지는 않아, 엉엉"

"그런데 왜 그렇게 울고 있니?"

"흐윽, 흐윽, 엄마가 너무 보고 싶으니까 그렇지. 아기도 보고 싶고, 또 아빠도 보고싶고... 흐엉! 아빠 이야기하니까 아빠가 보고싶어. 아빠... 아빠아... 엉 엉"

하지만 어릴 적부터 가족에 대한 기억이 없는 선재로서는 땅을 치며 울고 있는 보리가 이상하게 여겨졌다.

'도대체 왜 저러는 거야, 자기를 위해서 화엄경 약찬게의 53 선지식인을 만나게 해주려는데… 이해가 안가네…'

착한 선재는 울고 있는 보리의 손을 잡고 다시 한번 눈을 맞추며 이야기했다.

"야, 보리! 이제 그만 울고 선주 스님 뵈러 가야 해. 엄마 보고 싶으면 빨리 이 일들을 끝내야 해."

"싫어, 그냥 집에 돌아갈래. 그리고 말들이 너무 어려워. 자비행이니 보살도니 칭명염불이니, 관상염불이니, 또 보안법문이니… 학교에서 배우지 못한 것들만 가득해서 지겨워, 자비라는 거, 보살도라는 거, 결국은 착하게 살고 어려운 사람 잘 도와주면서 살면 되는 거잖아. 또 화엄경 약찬게 뜻은 몰랐어도 나는 노래하듯이 이야기하듯이 그냥 읽기만 해도 기분이 좋아져 코로나 때 계속 읽었던 거야. 그런데 갑자기 생각해볼 시간도 안주고 선재 오빠가 바로 데리고 왔잖아."

"네가 좋아라 따라와 놓고 인제 와서 왜 그러는 거야"

"오빠가 부처님이랑 문수 보살님 만나게 해준다고 했잖아. 흑흑… 그러나 저러나 엄마가 너무 보고 싶어, 즈냐와 바즈라도 이제 함께 살게 되었잖아. 나도 얼른 돌아가서 아기 돌봐 줘야 해, 엄마 도와서 분유도 먹이고 기저귀도 갈아 줘야 해. 똥 싸면 엉덩이도 잘 씻겨줘야 하고, 엄마 혼자서는 다 못해."

"왜 못하는데?"

"아빠가 돈 많이 못 벌고 엄마도 돈 벌러 가야 해서 내가 집안 일을 도와줘야 해, 엄마 퇴근하고 오시면 밀린 집안 일도 해야 하고 어린이집에서 아기 찾아와 씻기고 재우는 일 모두 내가 같이 해야 해"
"너도 아직 어리잖아?"
"아니야, 나는 동생보다 열 살이나 더 많고 또 중요한 것은 내가 낳아달라고 했어. 동생이 갖고 싶어서 내가 키우겠다고 했어. 엉 엉, 엄마아…"

울음소리가 점점 더 커지자, 선재는 어떻게 해야 할지 몰라 하늘을 쳐다보고 있는데 갑자기 꽃비가 내리기 시작했다. 온 세상에 있는 이 하늘과 저 하늘들이 몰려오더니 향기로운 꽃비가 오색 비단을 휘감으며 보배 불꽃 터지듯 수없이 내려왔다. 그 사이를 자유자재로 날아다니면서 해를 만졌다가, 달을 만지고 땅속으로 물처럼 스며 들어갔다가 연기아 불꽃을 흩날리며 안개를 뿌리는 선주 스님이 영화의 한 장면인 듯 짜잔! 하고 나타났다. 선재 동자는 듣지도 보지도 못한 광경에 깜짝 놀라 환희심으로 벅차오르는 가슴을 누르며 스님 앞에 엎드렸다.

"거룩한 선주 스님이시여. 정말 자유 자재로우신 분입니다. 얼마나 사랑이 많으면 지혜 광명의 바다에서 고달픔이 없이 마음대로 온 세상을 나투시는[1] 것입니까?"

온몸을 장삼으로 휘감고 얼굴에서 찬란한 자비 광명의 빛이 나오는 선주 스님이 양손을 들어 선재에게 축복을 주며 말씀하셨다.

"착하다. 선재여. 그대가 이미 깨달은 바가 있어 내게 불법과 온갖 지혜의 법과 한곳에 머무르지 않고 한량없이 온 세상을 만지고 돌아다닐 수 있는 법을 묻는구나. 나는 이미 보살의 걸림 없는 해탈행[2]을 성취하였으므로 부처님의 법을 다 받아 지니게 되었다. 그런데 저 조그만 꼬맹이는 아까부터 왜 땅을 치며 울고 있는 게냐?"

그 소리에 보리가 깜짝 놀라 울음을 멈추려고 하자 딸꾹질이 나왔다.

"하하하, 엄마 보고 싶다고 계속 울고 있더니 이제 딸꾹질을 하네요"

선재가 보리를 가리키며 소리내어 웃었다. 선주 스님은 허공을 가르며 깃털처럼 가볍게 날아와서는 보리의 손을 잡아 주었다. 말 없이 웃고 계시는 스님의 손에서 따스한 기운이 전해지더니, 그것이 가슴으로 뭉글뭉글 채워졌다.

그러자 엄마가 보고 싶고 아기를 걱정하며 슬퍼했던 마음이 사라지면서 엄마와 아빠, 아기의 웃음소리가 들리더니 하늘 문이 열리고 두둥! 부처님이 환하게 웃으며 나오셨다.

보리가 코로나로 아빠가 회사를 그만 두었을 때, 엄마가 동생이 뱃속에 있을 때 입덧으로 먹지 못해 힘들어 하는 모습을 보며 부처님 앞에서 울면서 노래했을 때, 그때도 소리 없이 환하게 웃어 주시던 부처님...

보리는 눈물을 닦고 무릎을 꿇어 부처님께 절을 올렸다. 그 사이 선주 스님은 부처님 옆으로 둥실 올라가 있었다. 하늘들이 형형색색 구름으로 장엄하며 부처님 주위를 찬란하게 빛냈다. 그러자 부처님은 보리의 마음을 다 안다는 듯 잔잔히 미소를 지으며 손을 내미신 후, 안개처럼 서서히 사라지셨다. 고개를 숙여 부처님을 배웅하고 선주 스님은 큰소리로 하늘이 울리도록 말하였다.

"선재야, 이제 드라비다국 자재성에 미가를 찾아라. 당부가 보리는 울지 않을 것이다. 꼬맹이 걱정은 하지 말고 너의 공덕으로 미가 장자에게 보살도를 물어보아라... "

선재는 갑자기 나타나신 부처님 때문에 다리가 벌벌 떨리고 힘이 빠져 그 자리에 폭삭 주저앉고 말았다. 나한테는 문수 보살님을 통해 명령만 하시고는 저 꼬맹이한테는 직접 나투셔서 달래 주신다고? 꼬맹이! ㅋㅋㅋ , 꼬맹이가 대단하단 말인가... 근데 왜 진짜 화가 안 나지? 보리 덕분에 부처님을 뵐 수 있어서 그런가... 애가 울었는데도 짜증이 안 나고 기분이 좋아지네. 그런 것을 보면, 우리 부처님은 정말 대단하신 분이셔… 선재는 갑자기 기원정사까지 들리도록 있는 힘을 다해 소리쳤다.

"부처님! 대애박…. 멋져요!!!"

그때 부처님은 벌써 기원정사로 돌아오셔서 문수 보살님과 함께 차를 마셨다.
"아이는 마음이 다시 편안해졌습니까?"
"선주 스님이 도와줘서 괜찮아졌네."
 문수 보살님이 다시 말했다.
"부처님께서 보리를 기특하게 생각하시는 연유[3]라도 있으신지요."
"흠….."
잠시 뜸을 들이시던 부처님이 말씀하셨다.
"사람들은 거의 다 구복[4]으로 내게 무얼 달라고만 하지, 잘 살게 해 달라, 부자되게 해 달라, 자식들 시험에 합격하게 해 달라, 병 낫게 해달라… 내가 처처곳곳[5]에 있어도 너무 달라는 게 많으니까 정신이 없는데 보리는 정말 아이로서 견디기 어려운 중에도 달라는 게 없었어요. 그냥 낭랑한 목소리로 화엄경 약찬게를 노래 부르듯이 해. 힘들 때마다 엄마, 나 노래 부르고 싶어요 하면서… 그 기도 소리가 얼마나 애잔한지 여기까지 들렸어요. 또 하루도 빠지지 않고 하기는 정말 힘든 거지. 대개는 백일기도네, 천일기도네 하며 떠들지만 그 아이는 그런 계산도 할 줄 몰라, 그래서 더 예쁘고 챙겨주고 싶지."

"그게 부처님의 산뜻한 계산법이군요. 그럼 선재 동자는 어떻습니까?"

"선재야 이미 다 깨우쳐서 해탈의 도를 이루는 경지에 올랐지만 뽐내지 않고 천진하고 순수한 마음 그대로 가지고 있으므로 내가 보리의 수호자[6]로 만들었잖소. 단지 그의 기억을 잊어버리게 했지만… "

문수 보살님은 고개를 끄덕이며 부처님과 정답게 따뜻한 웃음을 나눈다.

선재가 땅바닥에 주저앉아 있는 동안, 보리는 마치 맛있는 음식을 배불리 먹은 것처럼 몸도 마음도 든든해져서 미가 장자를 찾으러 갈 채비[7]를 하고 있었다.

그런 보리를 쳐다보며 선재도 황급히 일어나 드라비다국 자재성이 어디 있는지 지남도를 꺼내 들었다.

---

1) 나투시다 : 깨달음과 믿음을 주기위해 나타나시는 모습
2) 해탈행 : 얽매임과 괴로움에서 벗어나기 위한 행동
3) 연유 : 까닭, 이유를 물어보는 것
4) 구복 : 복을 구하려 하는 것
5) 처처곳곳 : 세상 어디에나
6) 수호자 : 지켜주고 보살펴주는 사람
7) 채비 : 준비하고 기다리는 것

⑥ 묘음 다라니와 미가 장자

　선재 동자가 지남도의 그림에서 미가 장자를 찾아 남쪽으로 남쪽으로 내려가자 보리가 물었다.
　"오빠, 우리는 왜 자꾸 남쪽으로만 가는 거야?"
　"으응…. 남쪽으로 가는 길은 문수 보살님이 가셨던 길로, 따뜻하고 밝은 길에 자비와 지혜 광명이 깔려 있는 거야, 너도 여태 오는 길이 춥지 않았잖아?"
　"응, 그러고 보니 춥지 않고 늘 따뜻했네, 역시 선지식 스님들은 좋으신 분들이야. 흐흥…"
　보리가 갑자기 기분이 좋아졌는지, 나비처럼 팔을 벌리고 팔랑팔랑 춤을 추는데 어디선가 여태까지 한 번도 들어보지 못한 신비하고 아름다운 노랫소리가 들려왔다.
　소리에 이끌려 간 곳은 드라비다국. 부처님의 넉넉한 가르침으로 초라한 생각들을 녹여 없애고 풍요함으로 자비를 베푸는 나라라는 뜻의 드라비다국이다. 그런데 보리는 선주 스님을 만날 때 너무 많이 울어서인지 배가 몹시 고팠다. 마침, 시장 근처에 다다르자 가던 길을 멈추고 선재에게 말했다.

"오빠, 배고파."

"응? 미가[1] 장자님 만나러 가야 하는데…"

"나, 계란프라이에 따뜻한 밥을 비벼 먹고 싶어."

보리는 엄마가 바쁠 때면 따뜻한 밥에 계란프라이, 진간장을 넣고 맛있게 비벼준 생각이 떠올랐다. 거기다 고소한 참기름 한 방울 떨어뜨려서…

"그런 음식도 있냐? 나는 카레가 제일 맛있는데."

둘은 시장 모퉁이의 작은 식당으로 들어갔다. 하지만 식당 주인인 할머니는 달걀이 없다고 하시면서 우유죽을 따뜻하게 데워 주셨다. 보리가 허겁지겁 먹는 동안 선재가 물어보았다.

"할머니, 달걀이 왜 없어요?"

할머니는 그 말에 한숨을 쉬는데 눈에는 찐득찐득한 눈물을 흘리고 있었다.

"뱀이, 뱀이 다 물어갔어요. 닭장에 닭들도 다 죽이고, 메추라기 농장은 그 많은 알까지 죄다 먹고 아예 거기서 자기 집처럼 뱀들이 우글우글 살아요."

"우웩!"

보리가 뱀들이 우글거린다는 말에 먹던 죽을 토해버렸다.

할머니가 놀라서 달려오고 선재는 수건으로 보라의 입을 닦아주며 놀렸다.

"에헤이, 뭘 그런 소리에 토하기까지… 우리 동네에서는 뱀들이 피리 소리에 맞춰 춤을 추는데…"

"춤추는 뱀하고 달라요, 아주 마음씨 나쁜 독사들이 새끼까지 낳아서 농장 전체에 우글거린다니까요."

"메추라기 알이면 우리가 장조림을 해 먹던 메추리알 말씀인가요?"

"장조림[2]은 모르겠고 메추리알은 맞아요."

"동네 사람들은 왜 뱀들을 처단하지 못하고 내버려 두는 거예요?"

"뱀들이 살모사라 무서운 독 때문에 가까이 갈 수도 없고 뱀들도 여기저기 새끼가 생기자 똬리를 틀어 새끼를 안고 다니는 통에 잡아 죽일 수가 없어요"

할머니는 다시 찐득한 눈물을 닦았다. 그러면서 딸이 있었는데 뱀을 물리쳐보려고 하다가 독사에게 물려 죽었다고 했다. 너무나 슬프고 원통해서 울다 보니 눈에서 피가 나고 결국은 눈이 짓물러서 고름이 나온다는 것이다.

"그럼, 거기 한 번 가봐요."

선재가 말했다. 오빠! 무서워진 보리가 선재를 잡아끌었지만, 오색주머니에서 붉은 구슬을 꺼내 들고 선재는 용감하게 앞으로 나아갔다. 우물쭈물하던 보리와 할머니도 주춤주춤 그 뒤를 따라갔다.

그때, 신비하고 아름다운 소리가 하늘에 울려 퍼졌다.

― 나아아 아 아 — 이, 이 이이에 야아 아 ‑ 오오 ‑ 오 오

오오 아아 무우 - 그 윽 락 도오사 아아 - 아미 타 아불 -

"앗! 미가 장자님이시다."

선재가 시장 한복판에서 사람들에게 둘러싸여 '바퀴 륜'자 장엄법문[3]을 하고 있는 미가 장자를 찾아 그의 발 아래 엎드려 절을 하였다. 미가 장자가 말했다.

"착한 남자여, 그대는 무상 보리심[4]을 내었는가?"

"그러하나이다."

그러자 미가 장자가 갑자기 선재 동자 발 아래 엎드려 오체투지[5]로 큰 절을 세 번 올린 뒤

"착하다, 착하다. 무상 보리심을 내었으니 너의 모든 세계가 이제 깨끗해지고 모든 중생이 깨달아 탐욕을 없애게 할 수 있게 되었다. 그런데 붉은 구슬을 들고 어디로 가는 게냐?"

미가 장자가 선재에게 큰절을 올리는 것을 보고 보리와 할머니도 덩달아 선재에게 절을 하였다.

"아이고, 이렇게 훌륭하신 분인 줄 몰라뵈었습니다. 우리는 지금, 메추라기 농장에 살고 있는 뱀의 무리를 처단[6]하러 가는 길입니다. 아무쪼록 저희를 도와주시어 불쌍하고 처참하게 죽어간 제 딸의 영혼을 달래주소서…"

할머니는 선재와 미가 장자를 번갈아 쳐다보며 사정하였다. 눈에서는 계속 진물이 흐르고 화가 난 손은 벌벌 떨고 있었다. 미가 장자가 하늘을 향해 두 팔을 벌렸다가 다시 합장을 한 채 기도하듯 말하였다.

"보살행을 하고, 보살도를 닦으며, 보리심을 낸다는 것은

매우 어려운 일이지만 이미 선재는 무상 보리심을 내었으니 나쁜 악의 무리를 처단하고 물리칠 수 있는 부처님의 가피가 생겨났도. 다행히 내가 묘음 다라니로 사악한 뱀들의 마음을 바로 잡고, 억울하게 죽은 딸의 한을 풀어 잘 천도[7] 할테니 선재는 뱀의 무리를 화탕지옥[8]으로 가게 붉은 구슬을 뱀의 소굴로 던져버려라."

"예"

선재는 이 선지식이야말로 차별 없이 깨끗하고 지극한 신심을 가지신 분이라 생각하니 저도 모르게 가슴이 뭉클해지고 한없는 존경심에 눈물이 났다. 부처님의 가피가 함께 한다니 용기백배, 보리의 손을 잡고 뱀들의 소굴 메추라기 농장으

로 들어갔다.

때맞춰 미가 장자의 신묘한 묘음 다라니가 농장에 가득하였다.

> "항마진언... 오오옴 소마니 소마니 후움, 흐리한나 흐리한나 후움, 흐리한나 바나야 훔, 아나야 혹, 바가밤 바즈라 훔바탁!!! 49번 아니 108번!!!"

묘음 다라니 소리에 새끼 뱀들이 꿈틀거리고 아빠 독사와 엄마 독사는 위험을 감지했는지 입이 찢어져라 벌려 독을 뿜으면서 선재 쪽으로 빠르게 기어오기 시작했다.

보리와 할머니는 선재 뒤에 숨고 선재는 있는 힘을 다해 붉은 구슬을 뱀들에게 던졌다.

"이야압. 닭들과 병아리, 메추라기를 잡아먹은 사악한 뱀들은 모두 화탕지옥으로 가거랏!!!"

하지만 뱀들은 서로 엉키어 죽어가면서도 독을 있는 대로 내뿜기 시작하였다. 독들은 하얀 안개처럼 서서히 퍼져 선재 동자와 보리는 정신이 몽롱해지고 할머니는 이미 바닥에 쓰러져버렸다. 이를 어쩌지…. 나는 참을 만한데…. 보리가 걱정이네… 으으 으응! 눈을 감지 않으려 하는데 자꾸만 눈이 감겨온다. 얼마가 지났을까… 꿈을 꾸듯 몸이 둥실 떠오르는 사이를 비집고, 아아아――― 아아아 아아아 – 아 – 아아아 아아아 아아아아 아아아아―――

달콤한 천상의 노랫소리가 머리속의 어두운 장막을 걷어내며 그의 눈을 뜨게 했다. 미가 장자가 한 손으로 보리를 안고 선재를 쓰다듬는다.

"이제 정신이 드는가? 그 독뱀은 염구라는 아귀 대장으로 아주 지독한 놈이지, 내가 다행히 그들의 말을 알아듣고 화탕지옥으로 빨리 보내버렸어. 조금만 늦었어도 큰일날 뻔했구먼. 아귀 대장 염구인지는 꿈에도 몰랐네. 모두를 사랑하는 마음만 넘치다 보니 이런 실수를 하게 되었다… 이게 다 바퀴 륜 자의 윤회[10]법이니 내가 모르는 것은 남쪽 주림마을의 해탈 장자에게 보살도를 물어보시게나…"

"예, 도와주셔서 감사합니다. 미가 장자님."

그 후 선재는 보리와 함께 할머니의 메추라기 농장을 깨끗이 청소한 후, 미가 장자의 배려로 닭과 병아리, 메추라기들이 함께 살 수 있도록 잘 만들었다. 일주일 뒤, 할머니와 하직 인사를 하는데 손에 금방 삶은 듯 따뜻한 달걀을 쥐어주었다.

"선재 동자님, 드릴 게 이것밖에 없네요, 저를 구해주시고 보살펴 줘서 정말 고맙습니다."

더 이상 진득한 눈물을 흘리지 않게 된 할머니가 선재에게 예를 갖춰 절을 하며 밝은 미소로 웃고 있었다.

"이제 좋은 일만 있을 거예요. 할머니, 아무 걱정 마시고 오래오래 사세요."

보리가 할머니를 꼭 안아주니 엄마 같은 포근함이 느껴진다. 선재와 보리는 다정한 남매가 되어 주림마을로 발을 옮겼다.

---

1) 미가 : 아름다운 노래 (묘음 다라니)
2) 장조림 : 소고기를 간장에 오래동안 졸여 먹기좋게 찢어놓은 반찬
   인도에서는 소를 먹지 않기 때문에 소고기 장조림은 만들지 못하고 없음
3) 바퀴 륜자 장엄법문 : 바퀴는 돈다는 뜻으로 륜을 의미하며 이를 윤회 사상에 비유한 법문을 말함
4) 무상 보리심 : 모든 것이 상이 없음을 깨닫는 마음
5) 오세투지 : 불교에서 설하는 방식으로 두 팔과 두 다리를 쭉 뻗어 바닥에 엎드리는것
6) 처단 : 결단하여 처지하거나 처리 함
7) 천도 : 죽은 영가를 좋은 곳으로 올려보내는 것
8) 화탕지옥 : 불이 펄펄 끓는 지옥, 팔만사천 지옥 중의 하나
9) 항마진언 : 마귀와 마구니를 이겨 항복받게 하는 진언
10) 윤회 : 죽고 사는 것이 계속 돌아오는 것

⑦ 온몸이 찬란하게 빛나는 해탈 장자

딜리비다국 주리면 마을은 아주 커다란 숲이 여기저기 많이 있어 사람들에게 큰 도움을 주고 있었다. 니르바나[1]는 숲속의 나무들을 가지고 배를 만들어 다른 사람들에게 많은 돈을 받고 팔았다. 니르바나의 배 만드는 솜씨는 훌륭해서 선주[2]들은 니르바나가 달라는 돈보다 더 많이 주면서 배를 사갔다. 하지만 배를 만드는 데는 전문적인 일꾼들이 필요했다. 배는 구조적으로 선수[3]와 선체 중앙, 선미와 선수에서 선미까지 수직으로 휘어지는 갑판을 만드는 현호 외에도 돛대와 페인트칠 등 열다섯 군데 이상을 제대로 만들어야 비로소 바다에 뜰 수가 있어서 수많은 노동력이 필요했다. 그러다보니 주림 마을 사람들 대부분이 배 만드는데 동원이 되었다. 이에 주림 마을에서는 니르바나를 모르는 사람이 없었으나 부자가 되면서부터 점점 주변 사람들을 함부로 대하고 인사도 하지 않았다.

가족이나 친척들이 돈을 빌리러 오거나 배를 얻으러 오면 그들의 얼굴에 침을 뱉었다.

"오빠, 미안한데 월급이 안 나와서 그러니 쌀 사게 돈 좀 빌려주세요."

"퉤! 그냥 가라, 먹고 죽으려고 해도 빌려줄 돈은 없어."

"형님, 가족들 굶기지 않게 작은 배 한 척만 주세요. 아이가 아파서 병원비 대느라 가지고 있던 배를 팔았어요."

"미쳤냐, 네 배는 팔아먹고 나한테 와서 왜 배를 달라고 하니, 에잇! 재수없어."

"그러게요, 거지도 아니고 식구들이 맨날 돈 달라 배 달라 하니 시끄러워서 정신이 없네."

니르바나의 부인인 아지비[4]는 한 수 더 떠서 그들의 얼굴에 소금을 확 뿌려버렸다.

칠남매나 되는 형제 중 막내 여동생인 비뮤티[5]를 빼고 모두 다 니르바나와 아지비에게 문전박대[6]를 당한 뒤 그들은 인연을 끊고 악담을 퍼부었다.

"먹고 죽을 게 없다고 침을 뱉어? 언제까지 잘 사나 두고 보자. 이참에 폭삭 망해버려라!"

"내가 재수 없다니… 자기는 뭐, 평생 재수가 있는지 눈 크게 뜨고 지켜볼 거야."

비뮤티 역시도 십이 년 전, 스님이 되겠다고 하자

"흥, 공부도 많이 한 그 얼굴에 뭐가 모자라서 스님이 되겠다고 하는 게냐. 차라리 나가 죽어버려."

비뮤티는 그런 오빠의 말에 슬퍼하거나 신경 쓸 새가 없었다. 스님이 되려면 많은 경전을 읽고 쓰고 외워야 했으며 공부를 많이 할수록 기도하거나 울력[7]도 많아서 아예 가족들을 만나보지도 못하고 오직 수행정진[8]에만 정신을 쏟았다.

그러한 비뮤티를 니르바나는 꿈속에서 만났다. 아주 슬픈 얼굴로 비뮤티는 오빠에게 말했다.

"오빠, 업진복락[9]에서 복진타락[10]은 한순간이야. 그러니까 오빠가 지은 죄를 참회하고 부처님한테 살려달라고 간절히 기도해야 해."

지난 십여 년 동안 한 번도 찾아오지 않던 동생이 꿈에 나타나 알아듣지도 못할 이상한 소리를 들은 게 마음에 걸리자 북쪽 마소굴[11]에 살고있는 구리다[12] 도사를 찾아갔다.

"뭐? 복진타락?"

"네"

"아이고, 이제 큰일 났다. 당신은 곧 죽게 생겼어."

"정말요? 이제 벌어놓은 돈도 많고 일꾼도 많아져서 편하게 놀며 쉬어야겠다고 생각했는데 죽다니요? 무슨 그런 가혹한 말씀을 하십니까?"

구리다 도사는 손뼉을 딱! 치며,

"그러니까 말일세... 복이 이제 다해서 지옥으로 떨어진다는 소리야."

깜짝 놀란 니르바나는 결국 구리다 도사가 시키는 대로 집에 있는 돈을 모두 가져다 마소굴을 새로 짓고 금덩어리로 두

꺼비를 백 개나 만들어 도사에게 바쳤다.

"이제 저는 죽지 않아서 지옥에도 안가겠지요?"

"그럼, 그럼. 전 재산을 두꺼비 신에게 바쳤는데 죽기는 왜 죽어? 남은 목숨, 아주 편하게 사시오."

니르바나는 옳지! 이제 살았다 싶어 신나게 어깨춤을 추면서 마소굴을 내려오다 부러진 나뭇가지에 걸려 넘어지는 바람에 머리가 깨졌다. 그때 아지비는 저녁때가 되어도 구리다 도사를 만나러 간 남편이 돌아오지 않자, 그를 찾으러 마소굴로 가는 길에 피를 많이 흘려 정신을 잃은 니르바나를 발견했다. 아지비는 일꾼들과 함께 그를 집으로 데리고 왔으나 눈을 뜨지 못하고 몸도 움직이지 않는 니르바나를 보고 울부짖었다.

"아이고, 평생 일만하고... 이제 좀 더 잘 살아 보려고 마소굴에 전 재산을 갖다 바쳤는데, 이게 웬 날벼락이요. 쫄딱 망해서 우리 이제 뭐해서 먹고 살아요? 엉엉엉."

그렇게 일 년이 흐르는 동안 600여 명의 전문직 일꾼들은 배를 만들지 않고 다 떠나가버리고 먹고 살게 없었던 아지비는 거리에서 빵을 팔아 니르바나를 돌보았다. 동네 사람들 눈치 보느라 허름하지만 옷도 깨끗이 입혀놓고 세수도 매일 시켜 길거리에 의자를 하나 놔두고 지나가는 사람들을 구경하게 하였다. 집에 두면 아무도 그를 돌볼 사람이 없기 때문에 같이 나왔다가 빵을 다 팔면 집으로 다시 데리고 갔다. 그동안 니르바나는 어린아이가 되어 지나가는 사람들에게 잘 웃고 인사도 잘하는데 "안녕하세요, 하하하. 오늘은 날씨가 좋네요. 하하하, 그럼 안녕히 가세요."라는 말만 할 줄 알았다. 그러다 가끔 정신이 들면 '내가 왜 여기 있느냐고, 배 만들러 가야 한다.'고 떼를 썼다.

"네가 산에서 넘어져 머리가 깨졌잖아."

아지비는 지나가는 사람이 있든 말든 악을 쓰며 소리를 질렀다.

그러던 어느 날, 비뮤티가 주림마을로 돌아왔다. 꿈에서 큰오빠가 자꾸 나타나, 사는 게 궁금해진 비뮤티는 살던 동네에 들어서자 어디선가 큰 소리가 들려왔다. 소리 나는 쪽에는 오빠가 징징거리며 울고 있었다. 비뮤티가 오빠를 끌어안았고, 그간의 이야기를 아지비한테 다 듣고 난 뒤, 오빠에게 합장하고 절한 뒤 말했다.

"오빠, 부처님께 참회하고 간절히 기도하라 했는데 구리다 도사한테는 왜 갔어요?

그 사람은 사기꾼에다 도둑이에요. 신을 팔아먹는 큰 도둑!"

"뭐, 구리다 도사? 하하하! 근데 당신은 내 막내동생이랑 비슷하게 생겼네, 하하하. 목소리도 비슷하네, 하하하."

아지비가 말했다.

"그래도 오늘은 정신이 좀 돌아왔나 봐요, 스님을 기억하는 걸 보니…"

비뮤다는 근처 사진관에 가서 오빠랑 사진을 한 장 찍어달라고 했다.

"수십 년 동안 오빠랑 찍은 게 하나도 없네요, 사진사 아저씨! 우리 예쁘게 나오지 않아도 좋으니 생긴 그대로 사진 찍어주세요."

비뮤다는 그 길로 사진을 들고 형제들을 찾아갔다. 오빠가 죽기 전에 한 번이라도 만나보고 오자고 사정했지만, 가족들은 냉정했다.

"돈 없으면 나가 죽으라 하고 침 뱉고 소금 뿌릴 때는 언제고, 인제 와서 왜 만나자는 거야. 형이 우리한테 해준 게 없으니 우리도 갈 필요가 없어."

비뮤티는 그들의 손을 잡고 애원했다.

"오빠가 그렇게 나쁜 짓을 많이해서 벌 받았잖아, 이제 아무 것도 모르는 아기가 되었으니 우리가 용서해주고 사랑으로 돌봐줘야 해. 그게 자비심이야, 부처님의 자비… 서로가 다 화해하고 사랑하게 되면 그게 행복이지, 돈 많다고 행복하진 않아."

그 말에 조용해진 비뮤티 칠남매는 모두의 손을 잡고 니르바나를 찾아갔다.

"오오... 안녕하세요, 오늘은 사람들이 많이 지나가네, 근데 좀... 다 비슷하게 생겼네. 그리고 날씨가 좋네요. 하하하, 그럼 안녕히 가세요."

칠 남매들도 그냥 지나가는 사람들처럼 그를 향해 손을 흔들었다.

"네, 좋은 날씨군요. 하하하, 아저씨! 안녕히 계세요."

형제들의 눈가에 너도나도 큰 눈물방울이 맺혔다.

그때 투시타 천궁에서 해탈 장자가 삼매에 들었다가 니르바나의 웃음소리에 깨어나 선재 동자를 맞이했다.

보리는 비뮤티와 칠 남매의 모습을 보고 눈물짓고 있었는데 해탈 장자가 온몸에서 나오는 찬란한 광명을 비뮤티에게 쏘아주며 말했다.

"나는 이미 비뮤티의 마음을 알고 있었다. 모든 게 그러하듯 부처님이 내 마음과 같고 내 꿈과 같으며 내 그림자와 같아, 모든 것이 부처님이 여기에 오시지 않아도 다 알고 계시는 것처럼 나도 여래의 마음을 다 알아 해탈을 하였도다. 보아라! 지금 저 비뮤티 역시도 자기를 깔보고 무시하며 죽어버리라고 한 오빠를 너그럽게 용서하고 가족들에게도 용서하고 사랑하는 마음을 심어주었다. 그것이 행복이며 곧 해탈이다.

또한 해탈한 자의 보살행이며 보살도를 이루는 것이다. 이제 선재는 마리가라국의 해당 비구를 찾아 다시 한번 올바른 보살도와 보살행을 물어보고 정리하도록 하거라."

선재는 해탈 비구에게 절하며 오른쪽으로 돌아 예경[13]하면서 생각했다.

'역시 해탈한 선지식의 지혜와 광명으로 온몸을 찬란하게 빛내는 모습에서 아버지와 어머니를 보았도다. 나도 이제 무상 보리심을 내었으니 그들을 의지하고 부모로 섬겨야 하겠다.'는 마음이 들자 가슴이 벅차올라 눈물이 났다. 그는 새로운 각오와 다짐으로 보리의 손을 꼭 잡고 남쪽으로 남쪽으로 내려갔다.

---

1) 니르바나 : 해탈 (nirvana)
2) 선주 : 배의 주인
3) 선수 : 배의 머리. 선체 중앙 : 배의 중심 부분. 선미 : 배의 끝부분
4) 아지비 : 아집, 니르바나의 반대말. (obstinacy)
5) 비뮤티 : 해탈과 같은 말. (vimutti)
6) 문전박대 : 문 앞에서 모질게 대함
7) 울력 : 힘을 모아 함께 일하는 것
8) 수행정진 : 마음 닦는 일을 계속 반복하는 것
9) 업진복락 : 지은 죄값을 다 치르면 복이 온다는 것
10) 복진타락 : 복이 다하면 고통의 나락 속으로 떨어지는 것
11) 마소굴 : 마귀의 소굴
12) 구리다 : 욕심, 그리드의 변형어 (greed)
13) 예경 : 예의를 갖추어 존경을 표함

⑧ 반야바라밀다의 해당 비구

해탈 장자가 일러준대로 마리가라국에 도착해보니 길 옆에 가부좌[1]를 틀고 깊은 삼매[2]에 빠진 해당 스님을 볼 수 있었다. 마치 죽은 듯 숨을 쉬지 않고 움직이지도 않았는데 갑자기 그의 발바닥에서 수많은 거사와 장자[3], 브라만[4]들이 나타났다. 그들은 화려한 옷을 입고 보석으로 만든 왕관을 썼으며 예쁜 꽃들과 향기로움으로 주위를 장엄하고 있었다. 그러더니 갑자기 스님의 무릎에서 수없는 브라만과 크샤트리아[5] 같은 왕족들이 튀어나오고 불쌍하고 가난한 사람들도 우르르 나오자 크샤트리아 왕족들이 가난한 이는 넉넉하게 해주고 병든 백성들을 낫게 해주며 마음이 지친 이들은 따뜻한 말로 다독거려주었다. 또 허리에서는 신선들과 중생들이 같이 쏟아져 나오더니 신선들이 꽃과 풀잎으로 약을 만들어 갖은 방편[6]과 지혜로 중생들이 지은 죄를 물병으로 씻어내 주고 있었다.

  만자가 새겨진 해당 스님의 가슴에서는 수많은 용이 날아와 아수라왕들을 에워싸며 하얀 유리 보석 연꽃과 보배 구름, 아름답고 보배로운 꽃들로 장엄했다. 그러면서 나쁜 마귀들을 쫓아내고 지옥 중생들에게는 법비⁷⁾를 내려 불안과 근심을 덜어주고 극락으로 인도해 마음의 평화를 얻게 해주는 모습을 보여주었다. 그리고 마지막으로 해당 스님의 머리 앞부분인 정수리에서는 여래의 모습이 뿜어져 나왔다. 거룩하고 잘생긴 얼굴에 깨끗하고 찬란한 광명이 사방에 비추어 그 당당한 모습이 나타나자 모두가 위엄에 눌려 찬탄하고 고개 숙이며 존경을 표하였다.

선재와 보리는 만화 영화를 보는 것처럼 발바닥에서 이마까지 여러 형상이 쉴 새 없이 몸에서 나왔다 들어가기를 반복하는 것을 보고 깜짝 놀라 입을 다물지 못하고 해당 스님이 삼매에서 깨어나기만 기다렸다. 그것은 하룻낮, 하룻밤, 사흘, 일주일, 보름, 한 달…. 얼마나 오래 기다렸을까, 6개월의 시간이 번개처럼 빠르게 흘러가고 스님은 깊은 잠에서 깨어나듯 큰 숨을 쉬며 눈을 떴다. 선재와 보리는 크게 엎드려 절을 하며 물었다.

"거룩한 스님이시여, 이토록 신기하고 희한한 형상을 보여주시는 데는 무슨 까닭이 있습니까?"

해당 스님이 말하였다.

"여기 마리가라는 장엄의 세계를 나타내는 말이다. 부처님의 자유자재[8]한 신통력과 불법은 누구든지 평등한 지혜로 받을 수 있는 광대원만 무애대비심을 얻을 수 있는 곳이다. 이것이 곧 삼매이며 넓은 눈으로 보아 많이 얻었다가 또 모든 것을 버려야 부처님을 만날 수 있는 게 반야바라밀이라 한다."

"오빠, 무슨 말씀을 하시는지 어려워서 도무지 알아들을 수가 없네."

보리가 눈을 동그랗게 뜨고 중얼거렸다.

"가만 있어, 이따가 설명해 줄게."

해당 스님은 가슴에 새겨진 만자[9]를 가리키며 오랜 삼매로 인해 한없이 빛나는 눈동자로 보리를 쳐다보았다.

"나는 반야바라밀다를 닦았으므로 부처님의 한량없는 묘법[10]과 반야 지혜로 백만 아승지 삼매를 얻었다. 이것은 우리가 알고 있는 것보다 더 없는 세계의 것들을 눈으로 보고 들음으로써 내가 다 가지고 있어 커다란 만족감이 나를 지배할 때 그것을 과감히 버릴 줄도 알아야 한다는 것이다. 만약 그렇지 못하면 어리석은 중생들은 부처님을 만나지 못할 것이다."

선재는 참다운 선지식의 말씀에 깊이 감동하며 세간[11]의 지혜와, 출세간[11]의 지혜가 이렇게 다르다는 것에 머리 숙여 공경의 뜻을 전하고 보리를 데리고 구석진 곳으로 갔다.

"자, 보리야. 내 말 잘 들어봐! 너의 사랑하는 엄마가 맛있는 떡과 과자, 사탕을 사 오셔서 너 혼자 다 먹으라고 했어. 근데 너는 너무 맛있으니까 조금씩 아껴 먹으려고 숨겨 놓았는데 친구들이 와서 그걸 달라고 하면 다 줄 수 있겠니?"

"아니, 몇 개는 몰라도 다 달라하면 어떡해?"

"그러니까 말이야."

"그러면 걔들은 나한테 무얼 주나?"

"아무것도 안 주고 받아먹기만 할 거야."

"그러면 화가 날 거 같아."

"그것 봐 너는 가진 것을 다 주었는데 걔들이 안 주면 화가 나지? 화가 난다는 것은 네가 친구들에게 바라는 게 있어서 화가 나는 거야. 엄마는 너에게 아무것도 바라지 않고 다 먹으라고 했지? 근데 엄마는 화를 냈어? 안 냈어?"

"아…!"

보리는 그제야 해당 스님의 말뜻을 알아차렸다. 부처님도 그러셨다. 보리가 아무것도 바라지 않고 기도해서 내가 왔노라고…

선재 동자가 깜짝 놀라며 마음속 깊이 깨달은 표정의 보리를 보고 팔을 벌려 꼭 안아주었다.

"너희 둘은 꼭 친남매 같구나. 생긴 것은 다르게 생겼는데 말하는 것이며 행동이 비슷해."

선재와 보리는 늘 같이 다녀서 그렇다고 하면서 두 손을 마주 잡고 하하하 웃었다.

"너희들은 내 몸에서 무엇을 보았느냐?"

"그게… 저, 발바닥에서…. 아저씨들하고…. 가슴에서는 수많은 용과…. 이마에서는 부처님이…."

보리가 당황하여 말을 더듬자 선재가 넙죽 땅바닥에 엎드리며 말했다.

"아이고, 스님. 보리는 아직 어려서 잘 모릅니다. 스님의 몸에서는 머리부터 발끝까지 장엄당[12]으로 꾸며져 있었고 저희가 본 것은 오로지 형상들이라 아무것도 본 게 없습니다."

"역시 선재는 선지식들을 만나면서 많은 깨달음을 얻었구나. 내가 온몸으로 찬란한 빛을 내며 갖가지 형상을 나타낸 것은 반야바라밀을 깨달아 여러 형상의 본질이 본래 없다는 것을 보여주기 위함이었다. 이것을 부처님께서는 금강반야바라밀의 사구게[13]를 통해 말씀하셨다. 범소유상 개시허망[14]

약견제상 비상 즉견여래[15]….”

선재는 사구게를 듣자 몸이 떨리면서 눈물이 났다. 그리고 해당 스님의 언행을 닮고자 그의 말소리와 동작을 큰소리로 따라 해보았다.

"맞아, 스님의 발바닥에는 브라만 대신, 범소유상! 무릎에는 크샤트리아 대신, 개시허망! 허리에서는 신선 대신, 약견제상! 가슴에서는 비상! 이마는 즉견여래!"

이에 보리도 두 주먹을 불끈 쥐며 말했다.

"맞아, 범소유상 개시허망 약견제상 비상 즉견여래! 근데 오빠, 이건 무슨 뜻이지?"

"아까 말해줬잖아, 아무것도 욕심내지 않으면 부처님을 뵐 수가 있다는 거… 바로 너를 두고 하는 말이야."

해당 스님이 선재의 말이 흡족한 지 손뼉을 딱 치며,

"그렇고 말고, 깨달음의 보리도를 얻는 것은 집착과 성냄도 없고 칭찬과 비방에도 흔들림이 없이 마음이 편안해야 함이지. 이 마리가라국은 아까 말한 것처럼 장엄의 나라이다. 장엄을 한다는 것은 부처님에 대한 지극한 존경심과 예의를 나타내는 것으로, 예불을 올릴 때 목탁과 요령, 징과 북, 혹은 종을 치는 것은 여법하게 의식을 치르기 위한 장엄 의식이란다. 또한 사찰의 천정이나 벽에 단청[16]을 칠할 때 밝은 녹색이나 초록색을 칠하는 것은 소나무의 푸른 솔처럼 언제나 변함없는 신심을 뜻하고 기둥은 소나무의 커다란 줄기를 나타내는 것으로 든든한 믿음을 상징하는 것이야. 그래서 절에는 소나무 그림이 많은 거란다."

스님의 말씀을 들은 보리의 눈동자가 점점 커지면서 초롱초롱해지더니 선재에게 말했다.

"오빠! 그래서 절의 벽이나 문은 거의 다 초록색이고 고동색이었구나. 하항... 신기하다."

선재도 보리가 좋아하는 모습을 보더니 덩달아 기분이 좋아져 빙그레 웃고 있었다.

"자, 이제 선재는 남쪽으로 더 내려가 해조마을 보장원 동산의 휴사 보살을 찾아가거라. 나는 오직 한 가지 반야바라밀다 삼매 광명만 알 뿐으로, 보살들이 지혜의 바다에 들어가 삼매가 청정하고 신통력이 크게 변하고 원력이 생기는 문이 어디에 있는지는 잘 알지 못한다. 그러므로 그 중요한 문에 대해 알아보도록 하여라."

선재 동자는 6개월 동안 깊은 정이 들어 해당 스님을 사랑하는 마음이 생겼다. 그렇게 깊은 삼매에 빠져 모든 것을 다 깨우침에도 한 가지밖에 모른다고 말씀하시는 것을 보면 너무너무 겸손하고 본받을 만한 일인 것 같아 두 손이 저절로 모아 지며 고개가 숙여졌다. 또 장엄에 대한 설법을 들으며 마치 아주 귀하고 좋은 재물을 얻은 것 같아 기뻤다. 삼매에서 이루어지는 환희심과 깊은 지혜가 생겨 부처님의 법을 바로 볼 수 있게 된 것도 마음이 평온해지며 온몸에 따뜻한 기운을 느꼈기 때문이었다.

사실, 보리도 뭔지 모르지만, 머리가 총명해지고 사리 분별

력이 생기면서 조금씩 똑똑해지는 것 같아 그 지혜로움에 선재 오빠를 존경하는 마음이 생겼다.

 그러나, 남쪽의 끝은 어디인지 걸어도 걸어도 끝없이 이어져, 보리는 지구가 왜 둥글까 하는 의구심마저 생길 무렵이었다. 그때 땅이 높은 곳도 없고 낮은 곳도 없는 보장원 동산이 나왔다. 그곳은 백만 궁전이 아름답고 화려한 보석과 황금과 백금이 섞인 지붕에 비로자나 마니보배가 궁전 곳곳에 깔려 있었다.

---

1) 가부좌 : 양쪽 다리를 반대쪽 넓적다리에 올려놓고 앉아서 수행하는 자세
2) 삼매 : 잡념을 버리고 한 가지 일에만 집중하는 것
3) 장자 : 덕망이 뛰어난 어른
4) 브라만 : 인도의 신분제도인 카스트의 사성제 중 가장 높은 계급인 승려를 말함
5) 크샤트리아 : 인도 신분제도는, 브라만(1급 : 바라문이라고도 함, 승려), 크샤트리아 (2급: 귀족), 바이샤 (3급 : 상인, 농민) 수드리 (4급 : 노예)
6) 방편 : 목적을 위해 이용되는 일시적인 수단과 방법
7) 법비 : 부처님 말씀
8) 자재 : 저절로 나타나 있음.
9) 만 : 자로 쓰며 산스크리트어로 스리바트사로 길상, 만덕으로 상서로운 일의 상징
10) 묘법 : 훌륭하고 신기한 불법
11) 세간과 출세간 : 보통 사람과 속세의 생사 번뇌에서 벗어나 깨달음의 세계로 들어감.
12) 장엄당 : 웅장하고 엄숙하며 화려하게 꾸민 집
13) 사구게 : 4구로 된 게문 (진리를 요약한 매우 깊은 뜻의 4구절)
14) 범소유상, 개시허망 : 형상이 있는 것은 모두가 다 허망한 것
15) 약견제상, 비상, 즉견여래 : 만약 이 모든 형상이 진실 되지않고 허망한 것으로 보이면 곧바로 부처님을 뵐 수 있음
16) 단청 : 대궐이나 절 등의 벽 · 기둥 · 천장 따위에 여러 가지 빛깔의 그림과 무늬를 그림. 또는 그 그림이나 무늬.

⑨ 근심과 두려움을 없애는 휴사 보살

　선재와 보리는 꽃향기가 은은하게 풍기는 보장원 동산에서 휴사 보살을 만났다.
　휴사 보살은 바닷가의 금모래와 은모래에 황토를 섞어 보장원 동산의 담을 계속 이어서 쌓고 있다가, 선재와 보리를 발견하고는 큰 소리로 말했다.
　"아이고, 기다리고 있었는데 잘 왔구나. 어제저녁에 문수 보살님이 너희들이 온다고 연락을 주셨어. 좀 있으면 부처님도 우리 보장원 동산에서 '두려움을 없애는 방법'에 대한 법문을 하러 오신다니까 그때까지 열심히 꽃과 나무를 예쁘게 가꿔야 해. 너희들이 도와줄 거지?"
　보리는 부처님께서 오신다는 소리에 좋아서 선재에게 물어보지도 않고
　"네!"

하고 큰소리로 대답하였다. 선재도 두 손 모아 합장을 하고 고개를 숙였다.

"그럼, 옆 동네 꽃바다 마을에 가서 수국[1]이랑 백일홍[2]을 가져다 주겠니?"

"꽃바다 마을요?"

"응, 거기는 꽃을 많이 키워… 바다 옆에 있는 동네라 꽃바다 마을이야."

"크크크. 이름이 예쁘네요."

그 시간, 꽃지초등학교 운동장에서는 줄넘기와 피구 연습이 한창이었다.

꽃지초등학교는 꽃바다 주민들이 돈을 거둬서 만든 학교다. 당연히 학생 수도 많지 않았다. 그중 4학년은 남자아이들보다 여자 아이들이 두 배로 많았다.

오늘은 점심시간에 피구 연습을 해서 5교시에 옆 반과 피구 시합을 할 예정이었다.

달리기를 잘하며 추운 겨울에 태어난 동백[3]은 4학년 학생 중 피구를 가장 잘하는 아이지만 사사건건 트집을 잡고 삐죽거려서 친구들이 별로 좋아하지 않았다. 삼월에 낳아서 진달래[4], 유월에 낳아서 진모란[5]은 자매이며 꽃마리[6]는 오월에 태어났다. 이 마을은 부모님들이 거의 다 꽃을 키우기 때문에 아이들 이름도 태어난 달을 보고 지어준다.

동백이 여자 아이들을 모아 피구 슈팅을 가르쳐주려 하는데 그 말솜씨가 삐죽삐죽 아주 얄밉다.

"야, 야... 빨리 모여봐. 진달래! 느림보 곰탱이에 귀 짝짝이, 어서 안 와?"

"내가 왜 귀 짝짝이야?"

"에... 몰랐냐? 니가 우리 반에서 귀가 제일 못 생겼잖아. 느림보, 곰탱이, 귀 짝짝, 못난이 ㅋㅋ."

그러나 진달래는 아무 말도 할 수가 없었다. 엄마한테도 항상 듣는 말이기 때문이다. 엄마는 늘 모란이만 챙겼다. 진달래는 피부가 까무잡잡한데 모란이는 피부가 하얗고 예쁘게 생겼다. 거기다가 모란이를 낳은 후 진달래네 집은 차츰 부자가 되었기 때문이었다.

"아이고 우리 복덩이 공주님... 어쩜 이리 예쁠까요. 엄마가 뭐 사줄까요.?"

하지만 진달래가 먹고 싶다는 아이스크림은 비싸다고 잘 사주지 않았다.

"너 그런 말 하면 못써, 친구들 사이에 놀리는 게 어딨어?"

해란초[7]가 대신 역성을 들어준다.

"자, 그만하고 빨리 연습하자."

그들은 피구 대형을 만들어 동백의 공을 피하려고 대형 안으로 들어갔다.

진달래는 동백이 자신만 겨냥할 것 같아 가슴이 콩닥콩닥 뛰었다. 있는 힘을 다해 도망가려고 해도 다리가 말을 듣지 않았다. 그 순간 동백이 빙글빙글 웃으며 진달래를 째려보고 있었다. 아이들도 덩달아 긴장하면서 동백이를 쏘아보았다. 순간 공이 날아왔다. 동백이가 소리쳤다.

"야, 못난이! 어서 도망가. 역시 느림보 곰탱이ㅋㅋㅋ."

뛸까 말까 두려움에 망설이고 있는데 꽃마리가 진달래 앞을 막아서면서 공을 받아냈다.

"진달래! 우리가 지켜 줄게 빨리 도망가…"

꽃마리가 진달래의 손을 잡고 뛰기 시작했다.

"야, 야… 해란초! 네가 왜 대신 받아? 아하 참! 성질나네."

동백은 화가 난다고 공을 집어 던졌다. 근데 그게 하필 줄넘기 연습을 하고 있는 6학년 누나들의 줄에 걸려 누나가 넘어질 뻔하였다.

"야! 너, 4학년 동백이지? 피구 연습은 저쪽 가서 해. 여기는 우리 구역이야."

"학교 운동장에 구역이 어디 있어요? 나참, 이상한 누나들이네…"

동백은 배를 들이대면서 누나를 밀쳤다. 어느새 6학년 누나들이 동백을 에워싸고 소리를 질렀다.

"저 녀석 안 되겠네. 교무실에 가서 선생님을 모시고 오자. 언젠가 한 번은 혼내주려 했는데 애가 버르장머리가 없어. 오늘 너 잘 걸렸다."

꽃마리와 해란초도 선생님을 찾으러 교무실로 뛰어갔다. 교무실에서는 이미 두 선생님이 이야기하고 계셨다. 동백은 선생님 사이에서도 골칫거리로 유명한 아이라 선생님들은 고개를 젓고 있었다. 담임 선생님이 아이들에게 말했다.

"그러니까, 얘들아. 제발 재랑은 거리를 두고 놀아, 아니 놀지 마. 그냥 혼자 조용히 놀게 내버려 둬."

"동백이는 왜 저런답니까?"

6학년 담임 선생님이 묻자 4학년 담임 선생님이 대답했다.

"아마 부모님은 다 돌아가시고 큰아빠 집에 있는데 잘 돌봐 주지 않는 거 같아요. 얼마나 말썽꾸러기면 우리 가족들도 다 알아요. 정말 미치겠어요."

그렇게 옥신각신하는 사이 점심시간을 훌쩍 넘기고 옆 반과의 피구 시합도 못 하게 되었다. 아이들은 다 동백이 때문이라고 을러대고 미워하며 손가락질했다.

수국과 백일홍을 가지러 온 선재와 보리는 잠깐 사이에 벌어진 일이라 두 주먹을 불끈 쥐고 운동장을 뛰쳐나가는 동백이를 뒤쫓아갔다. 그러나 해조마을에도 동백의 모습은 보이지 않았다. 보리가 휴사 보살에게 말했다.

"동백이라는 아이가 뛰쳐나갔는데 보이지 않아요. 꽃바다 마을에도 없고, 해조마을에도 없어요."

휴사 보살이 마니보배가 잔뜩 깔린 백만 궁전을 가리키며 웃었다.

"으응, 동백이... 아마 궁전 안에 숨어 있을 거야. 착한 앤데 사람들이 그걸 모르네."

"엣! 착하다고요? 아이들이 다 싫어하던데요. 선생님도 놀지 말라고 하던데요."

"아이고… 그거는 동백이 겉만 보고 하는 소리야. 애가 열한 살밖에 안 됐는데 애 어른인 걸, 속이 꽉 찼어."

선재 동자는 휴사 보살의 마음을 이미 알고 있는 듯 빙글빙글 웃고 있고 보리는 깜짝 놀라 궁전 쪽을 쳐다보며 중얼거렸다.

"느림보, 곰탱이, 귀 짝짝, 못난이…"

"아! 그거… 꽃바다 마을 사람들이 아이들 놀릴 때 쓰는 말이야."

"귀 짝짝도요?"

"응, 아이들 귀가 다 똑같지 않거든. 어른들이 이뻐서 하는 소리야."

"느림보, 곰탱이는요?"

꽃바다 마을은 해조 마을에 꽃을 배달해주기 위해 빨리빨리 움직여야 하는데 아이들이 더 놀고 싶어 천천히 꽃들을 운반하기 때문에 생겨난 말이라고 했다. 해조 마을의 백만 궁전은 사람들의 걱정 근심과 두려움을 없애주기 위해 늘 향기로운 꽃과 아름다운 나무들로 장식하기 때문에 휴사 보살은 좀 더 편안한 휴식 공간을 만드려고 애쓰는 중이었다.

"나는 과거에 연등부처님께 법문을 듣고 또 이구 부처님과 비로자나 부처님께도 법문을 들어 한량없는 자비와 보살도를 깨우치기 위해 많은 사람들에게 편안하게 쉴 수 있는 보금자리를 만들려고 애써왔지. 늘 우울하고 병이 들어 슬프며 어둡

고 두려움으로 인한 근심과 자신이 없어 망설이는 사람들에게 나를 찾아와 궁전에 머물게 되면 모든 병은 다 없어지고, 근심의 때를 벗기며, 밝은 해를 보듯 따뜻한 기운으로 자신감을 되찾게 하는거지. 동백이도 처음 부모님이 돌아가셨을 때보다 많이 좋아졌어."

보리는 휴사 보살의 말을 듣고 나니 휴사가 왜 휴사인지 알게 되었다. 마음 편하게 쉴 수 있는 집! 그래서 부처님께서 두려움을 없애기 위한 법문을 하러 오시는구나… 싶으니 저절로 박수가 나왔다. 꽃바다 마을 아이들이 학교 수업을 끝내고 동백이를 찾으러 오자 휴사 보살이 말했다.

"동백이 찾으러 왔니? 어디에 있는지 알고 있지? 백만 궁전에 가 봐."

해란초가 휴사 보살의 손을 잡으며 말했다.

"동백이는 다른 반 아이들이랑 싸울 때 우리를 지켜 주거든요. 그리고 무거운 것도 잘 들어 주고요, 근데 왜 진달래 한테만 못살게 굴까요?"

"하하하, 아직도 모르겠니? 동백이는 잔달래를 좋아하잖아. 좋아한다는 말 대신 자꾸 괴롭히는 거지, 남자애들이 다 그렇잖아?"

휴사 보살이 진달래의 뺨을 슬쩍 만져주며 웃었다. 진달래는 얼굴이 빨개지며 억울한 마음에 눈물을 글썽거렸다.

"그럼, 좋아한다고 말을 해야지. 따라다니면서 못살게 구는 건 무슨 심보야!"

꽃마리도 덩달아 웃으며 말했다.

"그러지 말고 동백이 잘 대해줘, 불쌍한 아이잖아. 친구들끼리 서로 위하고 돕고 살아야지. 여기 보장원 담도 동백이가 많이 쌓았어, 너희들은 몰랐지?"

아이들은 이구동성으로 '네' 하고 대답한 뒤 동백이를 찾으러 몰려갔다.

휴사 보살이 뛰어가는 아이들을 쳐다보며 선재에게 말했다.

"나는 힘들고 어려운 사람들에게 밝은 빛과 희망을 주고 마음 편히 쉴 수 있는 휴식처를 만들어 주려고 애쓰고 있지만 고요하고 깨끗한 달이 중생들에게 복덕의 빛을 어떻게 밝히는지 알지 못한다. 좀 더 남쪽으로 내려가 사슴의 가죽을 쓰고 수행하고 있는 '비목다라구사' 선인을 만나 보살도의 행을 물어보도록 하여라."

선재 동자는 너무나 존경스러운 마음에 그의 발에 절하고 수없이 돌며 생각했다.

선지식들은 똑같이 보살도를 구하려 애쓰고 자신들이 하는 크나큰 법의 광명에 대해 겸손하고 착한 마음을 갖고 있구나… 나도 열심히 그들의 뜻에 따라 수행해야겠다! 선재는 보리의 손을 번쩍 쳐들고 의지에 찬 눈빛으로 말했다.

"자, 다음은 사슴가죽의 비목다라구사 선인이다!"

1) 수국 : 6월부터 7월에 피는 꽃. 꽃말은 진심. 부처님 머리를 닮아서 불두화라고도 함
2) 백일홍 : 6월부터 10월에 피는 꽃. 꽃말은 인연. 백일 동안 피는 꽃
3) 동백 : 12월에서 1월 사이 해안가에 피는 꽃, 붉은 동백 꽃말은 애타는 사랑
4) 진달래 : 3월 초에 피는 꽃, 잎보다 꽃이 먼저 핌. 꽃말은 사랑의 기쁨
5) 모란 : 5월에 피는 꽃. 꽃말은 부귀, 영화, 행복한 결혼. 특징, 꽃향기가 없음
6) 꽃마리 : 봄에 피는 꽃으로 꽃이 말려서 핀다는 뜻으로 꽃말이 라고도 함
꽃말은 행복의 열쇠
7) 해란초 : 7월과 8월 사이 해안가에서 피고 노란해란초 꽃말은 성취, 달성

⑩ 사슴가죽의 비목구사다라 선인

　비목다라구사 선인이 있는 나라소국으로 가는 길에는 전단나무가 줄지어 있고 침수향나무의 그윽한 향기는 침향의 재료가 침수향나무임을 말해주었다. 선재 동자는 은은한 향기가 코로 들어오는 게 기분이 좋아 한발로 깡충깡충 뛰면서 보리에게 물었다.
　"보리야. 이번에 만나는 비목구사 선인[1]은 53선지식 중 몇 번째로 만나는 거지?"
　"글쎄… 안 세어 봐서 잘 모르겠는데… 나는 그냥 오빠만 따라다녔잖아…"
　선재는 고개를 갸우뚱하고 눈을 동그랗게 뜨며 자신을 쳐다보고 있는 보리가 귀여워 손가락으로 살짝 이마를 튕기려다가 깜짝 놀라 멈춘다. 지금 보리는 꿈속에 있기 때문이다.
　"아이코, 놀래라. 큰일 날 뻔했네."

"오빠, 갑자기 무슨 말이야? 뭐가 놀라고 큰일이 나?"
"아니, 아니야. 너 화엄경 약찬게 외워봐."
"음... 대방광불 화엄경, 용수보살 약찬게, 나무화장 세계해, 비로자나 진법신, 현재설법 노사나, 석가모니 제여래..."
"음... 잘하네, 그럼 내가 나오는 곳부터 해봐."
"응? 염불을 차례차례 해야지... 건너뛰면 어떡해?"
"좀 급해서 그래, 우리가 문수 보살 이후 두 번째 만난 선지식인 덕운 스님부터 정리를 해보려고 해"
"아항! 그럼... 선재동자 선지식, 문수사리 최제일, 덕운해운 선주승, 미가해탈 여해당, 휴사비목 구사선."

선재가 다급하게 손을 내저으며 보리에게 그만하라고 하였다.

"자, 그럼. 우리 다시 정리해 보자, 덕운 스님은 어떤 스님이셨지?"
"형에게 재산을 다 뺏기고도 원망하지 않고 돌봐주며 불쌍한 이웃들도 다 도와주어서 구름처럼 많은 공덕을 쌓으신 분이지."
"그리고 또?"
"음, 구름들이 좋아했지. 오색구름, 양떼구름, 채운구름, 새털구름..."
"오오... 똑똑한데? 그럼 제3선지식 해운 스님은?"
"해운 스님? 아! 바다... 즈냐상어 그리고 바즈라 아기."
"맞아, 해운 스님은 악연을 선연으로 바꾸시던 분. 그리고 일체유심조, 마음을 먹으면 이루어진다고 하셨지."

선재가 다음 질문을 하려는 순간 보리가 먼저 물었다.

"그럼 제4선지식은 누구야?"

"당연히 해도 만지고 달도 만지셨던 선주 스님이지. 허공을 가르며 깃털처럼 날아다녔어. 네가 엄마 보고 싶다고 우니까 네 손을 만져 주셨잖아, 아주 자애로우신 분이야."

보리가 커다란 침수향 나무 사이로 요리조리 뛰어다니며 나머지 선지식들을 외운다.

"그러면 이제는 미가해탈 여해당. 휴사비목 구사선…"

"그렇지! 독뱀들을 다 물리친 아름다운 목소리의 주인공 미가 장자가 제5선지식이셨고, 욕심쟁이 니르바나와 동생 비뮤티 스님에게 온몸으로 찬란한 광명을 비춰주신 해탈 장자님이 제6선지식이셨지."

"그리고, 뒷다리가 쑤욱, 앞다리가 쑤욱, 팔딱팔딱 개구리 됐네…"

"그게 무슨 소리야?"

"하하하, 아니 내가 그냥 생각나서 해본 노래야. 올챙이와 개구리!"

"그럼 해당 스님이 개구리라는 거야?"

"ㅋㅋ, 아니. 해당 스님 발바닥에서 거사님과 장자님이 쑥 나오고, 가슴에서는 용이 쑥 나오고 하는 게 신기한데, 우리나라 동요에도 올챙이가 헤엄치다 뒷다리가 쑥 나오거든."

"어찌 됐든 해당 스님은 제7선지식으로 범소유상 개시허망

약견제상 비상을 말씀하셨어."

선재가 약간 화가 난 말투로 말하자 보리가 금방 두 손을 모으고 고개를 숙인다.

"미안해 오빠, 내가 잘못했어. 해당 스님 발바닥에서 사람들이 나오는 게 너무 신기하고 놀랐는데 개울가에 올챙이 노래 처음 배울 때도 깜짝 놀랐거든."

보리가 진심으로 용서를 구하자 선재도 금방 마음이 풀렸다.

"그러면 우리가 해조 마을의 보장원 꽃동산에서 만난 휴사 보살님이 제8 선지식이고 제9선지식이 비목다라구사 선인이야."

"응 휴사 보살님, 꽃바다 마을. 마음이 아픈 사람들을 편안히 쉬게 해주는 보장원 동산. 근데 비목다라구사 선인은 어떤 분이실까?"

보리가 머리를 갸웃하면서 선재 동자의 손을 잡았다.

그때 갑자기 사슴가죽으로 얼굴을 가린 선인이 풀밭에 앉아서 풀을 엮어 옷을 만들고 있다가 벌떡 일어섰다. 얼굴을 가렸지만 청결하고 빈틈없이 깨끗하고 키가 큰 신선[2]이었다.

"누가 자꾸 내 이름을 부르는 거냐?"

선재와 보리는 깜짝 놀라 비목다라구사 선인의 주위를 계속 돌고 또 돌다가 엎드려 절하였다.

선재는 휴사 보살이 시키는 대로 말하였다.

"거룩하신 선인이시여, 저는 이미 무상 보리심을 내었으나 보살이 어떻게 보살행을 배우며 보살도를 닦는지 알지 못하니 이를 가르쳐주십시오."

비목다라구사 선인이 선재의 손을 잡으며 말하였다

"착하고 착한 선재야, 너는 반드시 모든 사람을 구제하고 지옥 고통을 멸하며 염라대왕의 세계를 바꾸어 크고 밝은 지혜 광명[3]을 온 세상에 비추게 될 것이다."

손을 잡힌 선재가 기쁨에 몸을 떨며 어떻게 하면 그런 경지에 이르는지 묻는데 보리가 갑자기 선재의 손을 잡아끌었다.

"오빠, 그냥 내 옆에 있어. 사슴가죽 얼굴이 좀 무서워!"

그 말을 듣고 비목다라구사 선인이 하하하 웃었다.

"저 아이는 내 얼굴이 무서운가 보구나, 걱정 안 해도 된단다. 아가야! 사슴가죽으로 얼굴을 가린 것은 내가 사람들을 쳐다만 봐도 사람들이 해탈 삼매[4]에 빠져 난처한 적이 있었거든… 그래서 얼굴을 가리고 무상 보리심을 깨달은 사람들만 손을 잡고 이마를 만져 주면 반야바라밀다이 광명으로 해탈 삼매에 빠질 수 있단다."

비목다라구사 선인은 말을 마치자마자 오른손을 펴서 선재의 정수리를 만지며 손을 잡았다. 잠깐 동안 선재는 부처님의 갖가지 지혜로 모든 사람들의 소원도 들어주고 넓은 자비와 사랑으로 따뜻한 햇살만큼 사람들의 마음을 포근하게 감싸주고 계시는 부처님을 만나며 부처님의 걸림 없는 큰 지혜와 큰 광명의 힘과 원만함으로 몸이 붕 뜨는 것을 느꼈다. 새털같이 가볍고 푸근한 느낌! 바로 반야바라밀다의 해탈 삼매였다. 비

 목구사다라 선인이 선재의 손을 놓으며 말했다.
 "마하[5]반야[6]바라밀[7]! 마하반야바라밀! 마하반야바라밀! 아주 크고 밝은 광명의 성취를 얻기 위해 앞으로 선재는 보살도를 물어보려면 마하반야바라밀을 꾸준히 외우도록 하여라. 그러기 위해서는 여기서 남쪽 이사나 마을 승열 바라문에게 도움을 청하도록 하여라."
 선재가 휘청거리자 보리가 그의 손을 잡았다.

"오빠, 오빠. 눈 떠!"

보리가 울먹거리자 선재는 깊은 잠에서 깨어난 듯 편안한 얼굴로 보리를 안아주었다.

기분이 좋아진 선재가 비목구사다라 선인에게 말했다.

"정말 거룩하신 선인이십니다. 사슴가죽의 의미도 알았고 선지식의 자비 광명의 힘과 보살도를 알았습니다. 그리고 저를 삼매에 들게 해주셔서 감사합니다. 저도 열심히 보살도를 닦아 보리가 해탈 삼매의 광명에 들도록 도와주겠습니다. 마하 반야 바라밀! 마하반야바라밀! 마하아반야아아바라밀!!!"

선재는 보리의 손을 잡고 침수향나무의 은은한 향기를 맡으며 처음처럼 깡충깡충 뛰면서 즐거운 마음으로 부지런한 뜻을 가진 나라소국을 떠나갔다.

1) 선인 : 이란, 한국, 중국, 일본에서만 사는 전설의 인물. 늙지 않고 죽지 않음
2) 신선 : 도교 사상에서 나온 신, 불로불사약을 인간에게 줌(선인과 같음)
3) 지혜 광명 : 옳고 그름을 빨리 깨닫고 밝고 환하게 처리하는 것
4) 해탈 삼매 : 몸과 마음의 걱정으로부터 자유롭게 벗어나서 한 가지 일에만 집중하는 것
5) 마하 : 실담범자로 마하의 뜻은 크고 밝고 위대함
6) 반야 : 실담범자로 쁘라즈냐라고 함. 완성된 지혜. 깨달음
7) 바라밀 : 실담범자로 빠라미타라고 함. 깨달음의 언덕

⑪ 칼산 불구덩 속의 승열 바라문

선재 동자와 보리가 이사나촌 화취[1]산에 다다르자 사면에 불덩이 무더기가 큰 산으로 이루어져 있고 그 속에는 여기저기 비죽비죽 칼산들이 높게 자리를 잡고 있었다. 그때 승열 바라문이 가파른 산꼭대기로 올라가더니 몸을 날려 산 아래 불 구덩이로 들어가고 있었다.

"앗. 오빠! 저기, 저기…"

보리가 깜짝 놀라 선재의 팔을 잡아당겼다.

선재는 보리 때문에 몸이 흔들렸지만, 순간 생각했다. '승열 바라문께서 보살도를 훌륭히 수행하셨다 했는데 저렇게 불구덩이로 뛰어드는 것은 있을 수가 없는 일이다. 혹시 마귀[2]의 장난이 아닐까… 아니면 마귀가 승열 바라문의 몸속으로 들어가, 마치 자신이 선지식인 양 행동하는 게 아닐까…'

하지만 선재는 이내 고개를 가로저었다. 거룩하신 선지식인의 몸에는 마귀가 들어가지 못한다. 그건 부처님 법으로도 용서할 수가 없다… 그러면 마귀는 어디에 숨어서 저런 장난을 치는 것일까! 선재의 온몸에 쭈뼛 소름이 돋는 동안 하늘에서 범천[3]의 소리가 들렸다.

"선재야, 그런 생각을 하지 말아라. 절대로 해서는 안 되는 생각이다. 승열 바라문은 자신의 몸을 태워서라도 금강 불꽃[4]의 삼매를 얻고, 그 찬란한 광명으로 중생을 건지려고 수행정진 하는 것이라 고통스럽고 힘들지만… 중생들의 나쁜 욕심과 잘난 척하고 자기밖에 모르는 오만한 고집과 늙고 병들어 죽는 것에 대한 공포를 끊어 주고 모든 장애를 없애주기 위해 다섯 군데 불구덩이의 뜨거운 곳에 몸을 태움으로 비로소 불이 세상천지를 비추어 아비지옥[5]의 고통에서 벗어나 불의 광명 속에서 깨끗한 신심을 내며 한없는 깨달음을 얻는 중이다."

선재 동자는 범천의 말을 듣자 매우 기뻐서 승열 바라문이 매우 진실하고 깨끗한 선인이라는 생각에 몸을 엎드려 바라문을 향해 절을 하였다.

"거룩한 선지식이시여! 제가 어리석어 착하지 못하고 의심하는 마음을 내었나이다. 저의 참회와 용서를 받아주소서."

그러자 승열 바라문이 뿅! 하고 나타났다. 다섯 군데의 불구덩이에서 몸을 태웠다고 하나 몸은 한 군데도 화상을 입지 않고 입은 옷조차도 불에 그을린 흔적이 없었다. 승열 바라문이 선재를 바라보며 부드럽고 온화한 목소리로 노래 부르듯 게송[6]을 읊었다.

"보살이 누구든지 선지식의 가르침을 순종하면 모든 의심과 두려움이 없어지고 편안해져 마음이 흔들리지 않으리. 이런 사람들은 아주 많은 공덕을 얻으리니 보리수 아래에서 위없는[7] 깨달음을 이루게 되리라."

그 게송을 들은 선재 동자가 칼산으로 급히 뛰어 올라갔다. 보리는 선재가 불구덩이로 뛰어들까 봐 재빨리 뒤따라갔다.

"오빠, 오빠! 잠깐만…"

눈물범벅이 된 채로 보리는 선재의 옷을 잡아당기려 애썼다.

그러나 선재는 위없는 깨달음에 대한 간절한 마음에 가슴이 벅차서 하늘을 날 듯 뛰어갔다.

"오빠아, 엉엉엉… 오빠! 가지마. 불구덩이로 들어가면 못 나와, 연기 때문에 숨이 막혀 죽을 거야. 그러면 나는 어떡해, 엉엉엉… 나는 어쩌라고. 나는 어쩌라고… 엉엉엉. 오빠가 없으면 누가 나를 데려다줘! 오빠만 믿고 따라왔는데, 이젠 엄마랑 아기를 볼 수도 없게 됐어. 오빠! 오빠… 가지마, 가지 말라고. 으앙 엉엉엉."

보리가 있는 힘을 다해 울부짖자 선재는 아차! 싶었다. 자신만의 깨달음을 얻기 위해 보리를 염두에 두지 않았던 것이다. 불구덩이로 뛰어들더라도 보리를 안심시키는 게 먼저였음을 몰랐던 것이다. 선재가 가파른 칼산을 다시 내려와 보리 앞에 앉았다. 그리고 보리의 손을 잡고 말했다.

"보리야, 미안해. 정말 미안하구나! 내 생각이 짧았어… 여태 함께 여기까지 왔는데 너를 배려하지 못하고 나만 성불하려 했어. 하지만 오빠가 불구덩이에 들어가도 죽지 않아, 승열 바라문께서 말씀하셨잖아. 다시 살아 나온다고."

"그걸 어떻게 믿어? 그리고 불 속에서 어떻게 살아 남아, 여태 불 속에서 살아나온 사람을 보지 못했어. 승열 바라문님은 보통 사람이 아니니까 가능하지만, 오빠는 안 돼, 금강 불꽃이니 삼매니 수행정진 같은 말은 너무 어려워서 이해가 안 되고 또 말뜻을 알고 싶지도 않아. 다 싫어. 나는 오빠가 중요해, 오빠는 죽으면 안 돼. 또 오빠는 나를 우리 집까지 데려다 줘야 해, 그러니 불에 뛰어들지 마! 제발...."

보리는 너무 놀라 말을 화살처럼 빠르게 쏟아냈다. 선재가 보리의 등을 토닥여 주면서 말했다.

"보리야, 나는 죽지 않아. 만약 내가 죽어도 너를 지켜 주고 집에까지 데려다주실 분은 많으니까 걱정하지 마."

"그래도 혹시 오빠가 죽으면 어떻게 돼?"

보리는 연신 코를 훌쩍이고 눈물을 닦으며 선재의 팔을 붙잡았다. 눈물이 그렁그렁하고 너무 닦아서 코가 빨개진 얼굴을 들여다보던 선재는 보리가 아주 귀엽고 사랑스러웠다. 선재가 웃음을 지으며 보리에게 말했다.

"음! 오빠가 만일에 죽게 되면 구름이 되었다가, 바람이 되고, 비가 되었다가 따뜻한 햇살이 되어서 너를 지켜 줄게. 항상 네 곁에서 너를 바라보고 있을게."

"와아아앙! 그건 더 싫어, 바람도 싫고 비도 싫어. 그냥 같이 살다가 같이 죽어, 흑흑흑..."

"알았어, 그만 울어. 진짜로 안 죽을게. 정말 살아서 돌아올게. 날 좀 믿어봐. 보리는 부처님 믿지?"

보리가 고개를 끄덕이자, 선재는 보리의 손가락을 걸고 맹세했다.

"자, 약속... 나는 죽지 않고 살아서 돌아온다."

부처님까지 들먹거리자 보리는 약간 안심이 되었는지 손가락을 내민다.

선재는 보리를 한 번 안아주고 다시 칼산으로 재빠르게 올라갔다.

선재가 불구덩이로 뛰어드는 순간 보리는 다시 울음이 터졌다. 하늘에서 범천이 말했다.

"정법계진언[8], 옴람 옴람 옴람. 호신진언[9], 옴치림 옴치림 옴치림."

범천의 우렁찬 목소리에 보리는 자신도 모르게 진언을 따라 외웠다.

"오빠를 살려주세요. 옴람 옴람 옴람, 옴치림 옴치림 옴치림."

그 순간 칼산에서 불구덩이로 내려가던 선재는 심신이 편안해졌다. 그와 함께 모든 것에 자비로운 마음을 얻는 깨달음이 생겼고, 온몸이 불꽃에 닿아도 고요하고 즐거운 신통삼매에 빠졌다.

　아아! 무상[10]함에서 나를 버려야 다시 나를 찾을 수 있구나... 그 순간 선재는 뿅, 하고 보리 옆으로 나타났다. 승열 바라문도 어느결에 그 옆으로 다가왔다.

　"매우 신기합니다. 여기저기 칼산과 불무더기에 몸이 닿을 적마다 뜨겁지도 아프지도 않고 무섭지도 않아 도리어 마음이 편안하고 즐거웠습니다. 승열 바라문님, 정말 고맙고 감사합니다."

　이에 승열 바라문이 말했다.

"모든 것을 깨달은 선재는 이제 모든 이치에의 걸림과 집착이 없으며 분별심도 사라졌나니, 모든 것의 빛과 그림자 또한 없음을 알게 되었다. 내가 수행정진하는 목적을 너도 이루었으니 이제 여기서 남쪽으로 가면 사자분신성이 있다. 거기에 묘법을 설하는 자행 동녀가 있으니 그에게서 반야바라밀다의 지혜를 배우도록 하여라."

오빠가 다시 살아온 게 믿기지 않는지 보리는 눈물을 연신 훔치며 그의 손을 꼭 잡고 승열 바라문에게 하직 인사를 하였다.

---

1) 화취 : 불을 모으다
2) 마귀 : 마구니
3) 범천 : 하늘의 왕
4) 금강불꽃 : 다이아몬드처럼 크고 단단한 불꽃
5) 아비지옥 : 아비는 산스크리트어로 고통의 간격이 없다는 뜻
   무거운 죄를 지은 자가 가는 지옥
6) 게송 : 부처님의 말씀을 외우기 쉽게 만든 노래
7) 위없는 : 그보다 더 이상 높은 것이 없고 좋은 것
8) 정법계진언 : 우주를 청정하게 하는 진언
9) 호신진언 : 몸을 지켜주는 진언
10) 무상 : 모든 것에 일정한 상(모양)이 없음

⑫ 지혜롭게 자비심을 내는 자행 동녀

선재 동자의 꼭 잡은 손을 놓지 않으려고 보리는 힘을 꾹 주면서 말했다.

"오빠, 나 무서워 죽는 줄 알았어. 그러니까 이제부터는 날 버리고 가지마."

선재가 하하하 웃으며 말했다.

"내가 언제 널 버렸어? 죽지 않고 살아서 돌아온다고 했잖아."

"그 말을 어떻게 믿어? 나는 정말 가슴이 터지는 줄 알았다니까…"

그러자 갑자기 선재가 가던 길을 멈추고 화난 표정으로 보리에게 말했다.

"나를 믿지 않는다는 것은 네게 나를 소개해준 문수 보살님이나 부처님도 못 믿겠다는 소린데, 그건 있을 수 없는 일이야. 부처님께서 네게 화엄경약찬게의 53선지식을 뵙게 해주려고 하시는 일이잖아. 그러니까 고맙게 생각하고 무조건 순종하고 따라야지, 아까처럼 울고불고하면 되겠어?"

"내가 언제 울고불고했어? 울기만 했지."

"소리를 지르며 우는 게 울고불고지, ㅋㅋㅋ."

보리는 부끄러워 얼굴이 빨개지면서 선재와 맞잡은 손을 흔들었다.

"알겠어, 오빠. 이제부터는 울고불고 안 할게. 그리고 잘 믿어볼게, 대신 선지식들 다 만나고 나면 집에 잘 데려다 줘야 해!"

보리가 있는 힘을 다해 애교를 부리면서 사정을 하자, 선재는 대답 대신 맞잡은 손을 하늘로 치켜세우며 말했다.

"잘 들으셨죠? 부처님, 보리가 이제부터 말 잘 듣겠대요. 저를 믿겠다고 하네요."

"오빠앗!"

그렇게 둘은 퉁탕거리면서 남쪽으로 남쪽으로 사자분신성을 찾아갔다.

자행 동녀는 사자당 왕의 딸로 묘한 법문을 범천의 음성으로 말한다고 했다.

금실그물을 몸에 두르고 설법하는 그녀를 보러 성문 앞에 많은 사람들이 몰려왔다.

선재가 사람들을 붙잡고 물었다.

"당신들은 그 문을 지나서 어디로 왜 갑니까?"

"나는 이웃 사람과 크게 싸웠는데 동녀님께 반야바라밀다의 지혜로 어떻게 화해해야 하는지 물어보러 가는 길이요."

"나는 내 돈을 훔쳐 간 사람을 붙잡았는데 어떻게 하면 너그러운 마음이 생겨 용서할 수 있는지, 자행 동녀의 묘법을 들으러 가오."

"나는 이제 곧 병이 들어 곧 죽을 거 같은데 어떻게 하면 가족들과 많이 슬퍼하지 않고 서로 편안하게 죽고 이별을 할 수 있는지 여쭤보려고 해요."

선재 동자는 남녀노소 할 것 없이 사람이 들어가는 데 출입에 제한이 없음을 알고 보리와 함께 성문을 넘어 자행 동녀를 찾았다.

선재가 자행 동녀에게 보살도와 보살행을 어떻게 구했는지 묻자 동녀가 말했다.

"그대는 내가 이 궁전을 어떻게 장엄[1]했는지를 보라."

선재와 보리가 엎드려 절하고 두 손을 합장한 채 벽과 기둥을 살펴보자 여러 부처님께서 태어나 출가[2]를 하고, 도를 이루어 깨달음으로 마음을 내 보살행을 닦는 모습, 큰 서원을 세워 고행을 겪은 뒤 마귀를 물리치는 모습, 공덕을 이루어 법륜[3]을 굴리다가 열반[4]에 드는 모습까지 깨끗한 물에 그림자가 비치듯 보였다.

그 순간 동녀가 말했다.

"나는 반야바라밀다의 높은 지혜를 부처님께 얻어서 다시

중생들에게 많은 지혜를 어떻게 쓸 수 있는지를 가르치고 있다. 저기 보이는 여러 부처님의 말씀은 다 똑같지 않듯 지혜도 다양한 방법으로 사람들을 교화[5]시키고 그들에게 해탈하는 방법도 알려준다."

"그건 어떤 방법일까요?"

보리가 눈을 반짝이며 물었다.

"그건 매우 간단한 일인데 사람들이 어리석어 눈앞에 있어도 잘 모르기 때문에 일러주는 거다. 예를 들면 친구들과 싸웠어도 잘 화해하는 방법이라든가, 도둑질을 하는 등 여러 가지 나쁜 마음을 바르게 돌려 착하고 배려하는 마음의 숲을 이루는 방법, 더럽고 평탄하지 못한 것을 깨끗하게 부처님의 광명으로 성취하는 방법들이지. 그건 바로 나쁜 것을 보고도 물들지 않도록 마음을 잡아주는 처염염불[6]을 하는 것이란다."

검푸른 머리카락을 휘날리고 자줏빛 눈동자를 깜박거리며 말하는 자행 동녀의 모습이 꼭 만화에 나오는 천상 선녀 같아 보리는 움찔 뒤로 물러났다.

선재 동자는 동녀의 한없는 자비심에 머리가 저절로 숙여지면서 깊은 보살행을 생각했다.

'나도 저 선지식처럼 높은 반야 바라밀다로 많은 사람을 구해 지혜의 바다에서 서로 위하고 평등하게 살아가도록 처염염불을 많이 해야겠다…'

"선재야, 너 역시도 무상 보리심을 내었구나. 하지만 나는 한없는 지혜의 자비심을 낼 줄만 알았지, 지혜를 제대로 쓸 수 있는 허공과 같이 광대한 부처님 마음과, 모든 세상의 의지가 되는 등불 같은 빛은 내지 못한다. 여기서 남쪽으로 더 남쪽으로 내려가면 삼안국에 선견 비구가 있으니, 그에게 광대한 부처님의 보리도를 물어보아라."

선재와 보리가 자행 동녀에게 엎드려 절을 하고 나오자 저절로 둘의 손이 맞잡아졌다.

"어, 우리 둘의 손이 저절로 잡혔네…"

보리가 활짝 웃으며 선재를 쳐다보았다. 따스한 햇볕에 보리의 이빨이 가지런히 빛났다.

"내 마음이 자비심으로 움직여 두 손이 붙어버렸네. ㅋㅋㅋ"

"뭐라는 거야?"

"내가 동녀님의 말씀을 듣고 제일 먼저 보리의 믿지 않는 마음을 없애주려고 했거든."
"뭐? 그럼 내가 나쁜 사람이야?"
"아니, 그렇다기보다…"
선재가 보리의 손을 놓고 저만치 도망간다.
"치이, 오빠는 빵꾸 똥꾸[7]야. 치"
"뭐? 빵꾸 똥꾸? 그게 무슨 말이야?"
"안 가르쳐 줘!"
도망간 선재가 돌아오자, 이번에는 보리가 휑 가버린다.
"빵꾸 똥꾸? 그런 말도 있나?"
선재는 머리를 갸웃하더니 안 가르쳐주면 나중에 문수 보살님한테 여쭤봐야겠다고 생각하며 보리를 잡으러 뛰어간다.

---

1) 장엄 : 웅장하고 위엄이 있게 꾸밈
2) 열반 : 모든 것을 떠나 죽음
3) 법륜 : 부처님의 가르침
4) 출가 : 집을 떠남, 세속을 버리고 불교에 입문하는것
5) 교화 : 가르쳐서 올바르게 인도하는 것
6) 처염염불 : 나쁜 것에 물들지 않는 염불
7) 빵꾸똥꾸 : 바보라고 놀리는 말

⑬ 순냐타와 선견 비구

 삼안국에는 반달곰을 키우는 뿌르나[1]와 그를 사랑하는 아내 반야[2]가 살고 있었다. 뿌르나는 아내를 닮은 예쁜 딸이 생기기를 부처님께 항상 기도했다. 그러던 어느 날 기원정사에 계신 부처님이 선견 비구를 불렀다.
 "선견아, 네가 그동안 나를 도와주고 수행자로서의 모범을 보였으니 이제 너의 혜안으로 삼안국에 내려가 뿌르나의 딸을 구해주도록 하여라. 그리고 자비로운 마음으로 그의 딸을 보살펴주도록 하여라."
 "예, 그러하겠습니다."
 오랫동안 부처님을 모셨던 선견 비구의 잘생긴 얼굴은 꼭 부처님을 닮아 있었다. 그는 삼안국 숲 속을 거닐며 뿌르나의 반달곰 동산을 살펴 보았다. 이미 배가 불룩해진 반야와 함께 뿌르나는 즐거운 표정으로 곰들에게 먹이를 주고 있었다.

"여보, 얘도 나처럼 배가 불룩하네요. 우리 아기도 이제 곧 세상에 나오게 생겼는데, 새끼 반달곰이랑 우리 아기랑 친구하면 되겠어요. 서로 사이좋게 지내면 재미있을 것 같아요."

"그럼, 그럼. 우리 아기는 당신을 닮아서 착하고 예쁠 거야. 아무쪼록 아기가 태어나면 정성껏 잘 키워 봅시다. 근데 정말 딸일까?"

"당신이 열 달 동안 늘 기도 했으니 부처님께서 예쁜 공주님을 주지 않으실까요? 우리 부처님은 자비로우시잖아요."

"그렇지 진짜 잘 생기시고 늠름하시고 자상하시고…"

"아이고… 말로 다 표현이 안 되네, 호호호"

그때 선견 비구가 아무렇지도 않게 지나가는 척 하면서 뿌르나에게 말을 걸었다.

"안녕하시오! 날씨가 참 좋습니다."

"예, 스님. 오늘은 날씨도 따뜻하고 바람도 살랑살랑 불어 반달곰들이 놀기 좋은 날씨네요."

반야가 보름달같이 환한 얼굴로 인사를 했다. 뿌르나는 선견 비구의 얼굴을 쳐다보면서 부처님과 똑같이 닮은 모습에 깜짝 놀랐다. 그리고 생각했다. 내가 부처님 칭찬을 많이 했더니 부처님이 내려오신 건가…

선견 비구가 그의 손을 잡고 웃으며 말했다.

"반갑습니다. 나는 선견이라고 하는 스님이요. 반야 보살님을 보니 곧 아기가 태어날 것 같군요."

"아, 예. 근데 제 아내 이름이 반야인 것을 어떻게 아셨나요?"

"하하하! 당신이 매일 기도하지 않았소. 우리 아내 반야가 건강하고, 우리 아기도 무사하게 해달라고요."

"그랬지요, 근데 어디서 들으셨나요?"

"나는 부처님 심부름을 왔습니다. 이제 곧 태어날 당신 딸을 잘 보살피라고 하셨습니다."

그 말을 듣고 뿌르나와 반야는 땅에 엎드려 절을 하였다.

"아이고, 정말 고맙고 감사합니다."

"고맙습니다. 스님! 부처님의 자비로우심에 눈물이 나려고 해요. 우리 가족을 돌봐주신다니 감사합니다."

빨개진 얼굴로 반야가 감동하며 눈물을 흘렸다.

"태어날 아이의 이름을 슌냐타[3]라 지으시고 반야보살님은 아기에게 주고 싶은 귀한 선물을 잘 싸서 작은 유리병에 담아 햇빛이 들지 않는 찬장[4] 구석진 곳에 놓아두시오."

오년 뒤, 뿌르나와 반야는 새끼 곰들이 반달곰 동산 끝자락 절벽 쪽으로 뛰어가는 것을 막으려다 사고로 함께 떨어져 죽었다. 하지만 친척들은 아무도 슌냐타를 돌보지 않으려 해, 절에서 운영하는 보육원에 맡겨졌고 슌냐타는 아빠의 기도대로 예쁘고 착하게 잘 자라 어엿한 아가씨가 되었다.

열아홉 살이 되던 날, 선견 비구가 슌냐타를 불렀다.

"슌냐타야, 이제 어른이 되었으니 앞으로 무얼 할지 생각해 봐라. 그동안 반달곰 동산은 절 식구들이 돌봐 왔지만 다시 네게 돌려주마."

슌냐타가 슬픈 얼굴로 고개를 저었다.

"아니에요, 스님. 저는 어릴 때 아빠 엄마랑 동산에서 즐겁게 놀았던 추억만 간직하고 싶어요. 뛰노는 곰들을 보면 부모님 돌아가신 생각이 나서 너무너무 가슴이 아파요. 그리고 세상이 참 무상하다는 생각이 들어서 저도 삭발염의[5]하고 스님이 되고 싶어요."

선견 비구는 이미 알고 있었다는 듯 고개를 끄덕이며 빙그레 웃었다.

슌냐타가 삭발염의 후, 스님이 된다는 소문이 돌자 동네 친척들이 그녀를 찾아왔다.

"안녕, 나는 작은 아빠야, 이름은 두흐카[6]란다. 형수님을 닮아서 예쁘게 잘 컸네"

"안녕, 나는 마라[7] 고모야. 이십 년이 지났지만, 지금부터라도 친하게 지내자."

"뭐? 반야를 닮았어? 뿌르나 오빠를 닮았네. 치! 나는 우나[8] 고모야"

슌냐타는 처음 만난 삼촌과 고모들 입에서 부모님 이름이 나오는게 듣기 싫었지만 꾹 참고 물었다.

"근데, 무엇 때문에 절 만나러 오셨나요?"

"으응, 그게... 차츰 알게 되겠지만..."

"그래 오늘은 그만하고, 네 얼굴 보는 걸로 만족하기로 하자. 그러면 우리 이제 그만 가자!"

하지만 그들은 열흘이 멀다 하고 찾아와 반달곰 동산을 휘젓고 다니며 슌냐타를 괴롭혔다. 결국 두흐카 삼촌이 얼굴을 무섭게 일그러뜨리며 말했다.

"야, 슌냐타. 너 이제 중이 된다고 하였으니 여기 집이랑, 곰동산은 필요 없잖냐. 이제부터는 내가 관리할테니 내게 넘겨라."

"아니 오빠, 그게 무슨 말이야? 우리 셋이 똑같이 나눠야지, 왜 오빠가 다 가져?"

우나 고모가 두흐카 삼촌의 멱살을 잡고 말했다. 그러자 마라 고모가 목에 핏대를 세우며 손가락질을 했다.

"똑같이는 왜 똑같이야, 네가 막내이니까 제일 조금 받아야지."

"뭐라고? 언니면 다야! 조금 받으라는 게 말이 돼?"

"그럼, 너는 집을 갖고, 오빠랑 나는 반달곰 동산을 반으로 나눠 가지자."

고모와 삼촌들이 욕심 싸움하는 것을 보고 슌냐타가 조용히 말했다.

"정말 슬프네요. 부모님이 돌아가시고 아무도 저를 키우지 않겠다고 할 때도 슬펐는데, 지금은 그때보다 더 속상하고 슬퍼요. 저는 여러분들을 다시는 만나고 싶지 않으니 이제 그만 돌아가주세요."

"어린 것이 미쳤나? 어른을 몰라보고… 한 대 맞아야 정신 차릴래? 어디서 가라 마라야!"

"맞아요. 죽지 않을 정도로 때려줍시다."

"흥, 맞아 죽어도 싸지. 에잇!"

마라 고모와 우나 고모가 두흐카 삼촌의 말에 맞장구를 쳤다. 슌냐타는 그들에게 몹시 맞아 정신을 잃고 말았다.

얼마가 지났을까, 캄캄한 하늘에 한 줄기 빛이 보이더니 반야 보살이 그 빛을 타고 내려왔다.

"아가! 일어나거라. 우리 딸… 예쁘게 잘 컸네… 선견 스님이 잘 돌봐주셨구나… 고마우신 분, 자상하신 분… 다 부처님 덕분이야! 아빠가 기도 많이 했거든… 슌냐타! 일어나…

그리고 찬장 구석진 곳 유리병을 찾아봐… 귀한 선물이 있어… 아가, 내 아가야. 그만 일어나렴."

으으, 으음. 슌냐타가 고통스러운 신음소리를 내며 눈을 떴다.
"엄마! 엄마야?"
하지만 눈을 뜨자마자 한 줄기 빛은 사라졌다. 그녀는 몸을 질질 끌며 찬장 쪽으로 기어갔다. 하지만 몸은 뜻대로 움직여 주지 않았다. 기진맥진하여 다시 눈을 감으니 사라진 빛 속에서 엄마가 나타났다.
"엄마, 보고 싶었어요. 왜 이제야 나타나셨어요? 꿈속에서라도 보고 싶었는데 왜 꿈길로 안오셨어요?"
슌냐타가 흐느끼며 말했다.
"꿈속에서라도 만나고 싶었지. 그렇지만 아가야, 꿈에서 보고나면 더 보고 싶어질까봐 두려워서 꿈길을 갈 수가 없었어. 보고 싶은 마음이 하늘보다 더 커서 눈을 감고 있었지. 내 소중한 아가! 보고 보고 또 봐도 보고 싶었던 내 딸! 널 한시도 잊은 적이 없단다."
"날 데려가요 엄마!"
"그건 안 된다. 넌 좀더 커서 세상이 얼마나 아름답고 좋은지 알아야 해."
"엄마, 세상은 아름답지만은 않아요. 삼촌과 고모가 날 때려서, 흑흑."

"알고 있단다. 그 사람들은 다음 생에는 어둡고 습한 땅 속, 지렁이 같은 벌레로 태어날 거야. 불쌍한 사람들이지, 욕심에 눈이 어두워 하나 밖에 없는 조카를 때리다니…"

"엄마, 엄마…"

순냐타는 엄마를 힘껏 껴안았지만 연기처럼 빛 속으로 사라져갔다. 눈물을 닦고 한참 지난 후, 순냐타는 찬장 구석에서 오래된 유리병을 찾아냈다. 뚜껑을 열어보니 콩알같은 게 한지에 싸여져 있었고 작은 편지가 들어 있었다.

-안녕, 순냐타. 아직 태어나지 않은 내 아기에게 귀한 선물을 준비하라고 해서 아빠랑 의논한 끝에 준비한 거란다. 반달곰의 웅담가루야, 백일 동안 찌고 말려서 오랜 세월이 지나도 변하지 않게 정성들여 만든 거야. 네가 커서 이것을 유용하게 쓸 수 있었으면 좋겠어. 그리고 동산 앞 보리수나무 아래 묻힌 항아리를 찾아봐.-

순냐타는 웅담가루를 손으로 찍어 먹어 보았다. 약간은 비릿하고 썼지만 기운차리는데는 도움이 되었다. 순냐타는 유리병을 주머니에 넣고 천천히 일어나 선견 비구를 찾아갔다.

"스님, 제가 친척들을 이십 여년 만에 만나면서 반갑고 즐겁기보다 비통하고 슬펐습니다. 그들과 재산 싸움은 하기 싫고… 모든 것이 무상함을 느꼈습니다. 어찌하면 좋을까요?"

선견 비구가 말했다.

"그래서 네 이름이 순냐타란다. 색즉시공 공즉시색! 이제 큰 깨달음을 얻었으니 나대신 네가 부처님 시봉을 하거라."

"부처님 시봉을 어떻게 하면 됩니까?"

"꼭 부처님 옆에서 시봉을 하는 것만이 시봉이 아니고, 무상보리심을 내어 부처님 이름으로 어려운 사람들을 도와주는 거지. 무주상 보시."

"예, 혜안, 자안, 법안을 두루 갖추신 선견 스님이시여… 꼭 그러겠습니다."

그후 보리수나무 아래 항아리는 전염병으로 힘든 사람들과 지진이 나서 어려워진 사람들에게 쓰여졌다. 반야 보살이 시집올 때 받은 금덩어리였으며 반달곰 동산은 무료로 치료를 받을 수 있는 병원이 세워졌다.

"뿌르나와 반야병원"

1) 뿌르나 : 원만한 지혜의 뜻을 가짐.
2) 반야 : 지혜
3) 슌냐타 : 공 (비어 있음).
4) 찬장 : 반찬을 넣어놓는 선반
5) 삭발염의 : 머리를 깎고 잿빛 옷을 물들여 입음
6) 두흐카 : 욕심이 지나친 사람.
7) 마라 : 더러움으로 물든 것
8) 우나 : 어리석음

발문

천국으로 가는 길, 《화엄경 약찬게》

승한스님 (시인 · 아동문학가 · 《한국불교신문》 주간)

①

민재 스님이 '어른을 위한 동화《화엄경 약찬게》'를 펴낸다는 소식을 듣고 참 기뻤습니다.

민재 스님은 2022년 한국불교태고종의 기관지인《한국불교신문》신춘문예 아동문학(동화) 부문에 당선돼 동화작가가 됐을 뿐만 아니라, 이번에 책으로 엮게 된 '어른을 위한 동화《화엄경 약찬게》' 역시《한국불교신문》지상에 6개 월여 동안 연재한 글을 한 권의 동화책으로 묶어냈기 때문입니다.

민재 스님과 처음 만난 건 5~6년 전쯤 일입니다. 어느 날 태고종 총무원사에 실담범자연구회장인 법헌 스님과 함께 키가 작고 아담한, 그러나 눈빛이 형형하고 영민해 보이는 비구니 한 분이 찾아왔습니다. 내가 시인이라는 것을 알고 있던 법헌 스님은 그 비구니가 실담범자를 공부하는 자신의 제자일 뿐만 아니라, 이미 소설가로 등단한 작가인데다, 문학석사와 불교학으로 철학박사 학위를 받은 종단의 인재라는 것이었습니다. 그 인연은 그렇게 몇 년 동안 그렇게 스쳐 지나가듯 지나갔습니다. 그런데 2022년 《한국불교신문》 신춘문예 아동문학 부문에 어느 비구니가 당선됐는데, 알고 보니 바로 그 민재 스님이었습니다. 저는 그때 《한국불교신문》 신춘문예를 담당했던 주필이었고요. 문학의 집 안에서, 그것도 《한국불교신문》이라는 한지붕 아래서 우리가 그렇게 다시 만날 줄이야. 인연이란 그렇게 무섭습니다.

얼마 전 저는 민재 스님에게 남몰래 별명 하나를 지어주었습니다. '푼수'라고요. 넉넉한 절 살림도 아니면서 민재 스님은 주변 사람들에게 도무지 아낄 줄 모르고 내어줍니다. 형편이 어려운 스님들이나 노스님들을 만나면 값비싼 승복도 서슴지 않고 맞춰줍니다. 그 대신 동기간처럼 지내는 '다운승복' 정성례 대표에게 얻어온 자투리천으로 자신의 옷은 지어 입습니다. 오지랖도 넓습니다. 형편이 곤궁한 신도가 찾아오면 쌀이며 옷이며 먹을 것들을 그냥 내주고, 3년 동안이나 실담범자로 〈신묘장구대다라니〉를 써서 인연 닿는 스님들과 속인들에게 무보시로 나눠줬을 뿐만 아니라, 지금도 툭하면 〈광명진언〉이나 〈화취진언〉, 〈불설소재길상다라니〉를 써서 무보시로 나눠줍니다. 하루에 열시간 이상 진언을 쓰다보니 어깨 근육이 파열되고 팔목은 물건을 들 수 없을 정도로 상했지만 아픔을 참고 진언에 정진하는 모습은 미련스럽기까지 합니다.
  또 가만히 지켜보면, 사심이 없는 천진난만한 소녀 같습니다. 그러니 소설을 넘어 동화를 쓸 수밖에요.

②

  사실, 동화는 어린이들만 읽는 이야기로 알고 있는 사람들이 참 많습니다. 또 어린이들만을 위한 이야기로 알고 있는 사람들도 꽤 많아요. 하지만, 그거 아시나요. 동화는 실상 어른들이 읽어야 할 내용이 훨씬 더 많다는 것을요. 동화를 읽으면 어른들도 순수한 동심으로 돌아가 아름답고 밝고 따뜻한 마음을 불러일으킬 수 있기 때문이에요. 더러는 어린 시절에 겪었던 정서적 아픔이나 상처를 극복하는 계기가 되어주기도 하고, 부정적인 추억을 긍정적인 꿈과 희망으로 바꾸어주는 특별한 효과가 있기도 해요. 민재 스님의 '어른을 위한 동화《화엄경 약찬게》'가 바로 그런 책이에요. 읽는 이로 하여금 자연스럽게 부처님의 화엄세계로 들어가 꽃 같은 화엄세상을 맛보게 해주기 때문이지요.
  그럼《화엄경 약찬게》란 무엇일까요. 그것은 부처님의 깨달음을 근본 주제로 "불도의 실천이 무엇인가?", "깨달음이 무엇인가?", "일체중생은 어떻게 깨달음에 이를 수 있는가?" 등의 문제 제기와 함께 깨달음을 이루는 수행 체계를 일러주는 삶의 나침반이자 인생 지도랍니다. 그 때문에 《화엄경 약찬게》를 계속 외우고 염송하면 화엄 성중들이 좋아서 덩실덩실 춤을 춘다는 말도 있답니다. 여기서 꼭 알아두어야 할 게 하나 있어요. 《화엄경 약찬게》의 정식 명칭은 《대방광불화엄경용수보살약찬게》랍니다. 총 80권 39품 10만 게송으로 이루어진 방대한 화엄경을 용수 보살이 770자 110구절의 한자로 축약한 것이지요. 구체적으론 아침저녁 예불문, 이산혜연 선사 발원문, 반야심경, 천수경, 정근, 금강경, 상단권공 등과 같이 예불 의식에 쓰이는 경전 가운데 하나이기도 하답니다.

좀 더 깊이 살펴보면, 《화엄경 약찬게》는 "크고 넓고 올바른 부처님의 세계를 찾아 구도 여행을 떠난 선재 동자가 가족들의 안녕을 기원하기 위해 3년 동안 《화엄경 약찬게》를 염송하고 산 '보리'라는 소녀와의 깜짝 만남"으로부터 시작됩니다. 문수 보살의 명을 받은 선재 동자는 차가운 겨울바람과 눈보라가 몰아치는 허허벌판에서 보리를 찾을 길이 없자 "옴 아비라 훔캄 사바하! 옴 아비라 훔캄 사바하! 옴 아비라 훔캄 사바하!……."라는 '법신진언'을 열심히 염송하고 있었습니다. 그런데 '한겨울인데도 불구하고 개구리 떼 우는 소리가 와글와글 들리는 것'이었습니다. 가만히 들어보니 그 소리는 지난 3년 동안 코로나19 팬데믹으로 직장을 잃은 아버지와 어머니가 아기를 갖게 돼 너무도 어려워진 가정형편 때문에 보리라는 소녀가 《화엄경 약찬게》를 읊는 소리였습니다.

선재 동자는 그 보리가 '태어나면서부터 저절로 깨달은' 생이지지한 아이임을 깨닫고 보리의 꿈속으로 들어갑니다. 그리곤 53선지식을 만나기 위해 〈지남도〉를 펴들고 구도 여행을 떠납니다. 제1 초발심주는 승낙국. 선재 동자는 그곳에서 덕운 스님을 시작으로 해운 스님, 선주 스님, 미가 장자, 해탈 장자, 해당 스님과 휴사 보살, 비목구사 선인, 승열 바라문을 차례로 만납니다. 여기까지가 제1권의 내용입니다.

이렇듯 민재 스님의 '어른을 위한 동화《화엄경 약찬게》'는 선재 동자와 보리의 만남이 무색계와 색계가 다르지 않음을 말하고 있습니다. 순진무구한 동심의 세계는 그것 그대로가 바로 화엄의 세계요, 불국토에 살고 있는 것이라는 것을 일러주고 있는 것이지요. 그래서 그럴까요. 이 동화책을 읽다 보면 "파랑새를 찾아 천 리 길을 헤매다 돌아와서 보니 파랑새는 바로 자신의 집에 있었다"는 파랑새 이야기가 얼핏 스쳐 지나갑니다.

'어른을 위한 동화《화엄경 약찬게》'는 또한 "우리의 삶이 꿈이요, 꿈속의 세계가 현실인지, 꿈 밖의 세계가 현실인지를 제대로 아는 선각자가 과연 몇이나 될까?" 하는 궁금증을 불러일으키는 전개 구도를 갖고 있기도 합니다. 그렇습니다. 화엄경의 무대는 시공을 초월하여 범우주적으로 이루어지고 있습니다. 〈의상 조사 법성게〉 중 "하나 속에 모두가 있고(일중일체 다중일), 하나가 모두이고 전체가 하나라네(일즉일체 다즉일), 한 티끌 속에 대우주를 잉태하고(일미진중 함시방),

티끌마다 낱낱이 대우주를 머금어(일체진중 역여시)"라는 말이 있듯, 민재 스님은 시공을 넘어서 꽃핀 화엄경의 열매를 소녀적 감성과 상상력, 그리고 독창적인 창의력과 깊은 수행력으로 재해석하고 있는 설화적 동화입니다.

③
 이 책을 읽는 어른 여러분, 그리고 어린이 여러분! 선재 동자와 보리는 여러분처럼 똑같이 착하고 바르고 예쁜 친구이자 아들이자 동생들입니다. 이 책을 읽고 "아니야. 나는 선재 동자와 보리처럼 착하지도 않고, 바르지도 예쁘지도 않아"라고 미리 실망하거나 두려워하지 마세요. 그런 생각을 한다는 것은 여러분이 이미 자신의 잘못을 뉘우치고, 새 마음 새 각오로 새 꿈과 새 희망을 위해 힘차게 나아가기 시작했다는 뜻이니까요.
 어른 여러분, 그리고 어린이 여러분! 처음에는 이 책이 좀 어려울 수도 있어요. 하지만 꾹 참고 끝까지 꼭 한 번 읽어 보세요. 학교 공부처럼 두세 번 읽으면 더 좋아요. 학교 공부도 처음엔 어렵다가 두세 번 반복하면 훨씬 이해가 잘 되면서 쉬워지잖아요. 그렇게 책을 끝까지 읽어내고 나면 천국처럼 온갖 아름다운 꽃과 열매로 장식된 행복한 화장세계와 선재 동자와 천사들, 그리고 따뜻하고 친절하고 현명한 사람들이 반갑게 기다리고 있을 거예요.
 보너스 하나 더. 좀 어려워도 이 책을 꼭 한 번 읽고 나면 여러분들에게 무척 좋은 일이 일어날 거예요. 더불어 공부도 더 잘하게 되고, 많이 읽을수록 더 좋은 일들이 더 많이 일어날 거예요.

부록

사이타마에서 온 편지
- 민재 보현스님의 2022년 한국
  불교신문신춘문예 동화부문 입상작

입상삭신춘문예 입상소감

이생망의 등불 반야심경

⟨부록1⟩ 민재 스님의 2022년 한국불교신문 신춘문예
아동문학 (동화부분) 입상작

사이타마에서 온 편지

2019년 9월 26일.

바람은 차가웠지만 비행기에 오르는 보리의 가슴은 뜨거웠다.

일본으로 가는 비행기는 설레임과 두려움이 반반씩. 하지만 가족 모두 가는 여행이라 기분은 나쁘지 않았다.

여행? 여행이라는 표현이 맞나.. 보리는 고개를 갸웃거린다. 엄마는 살던 집과 보리가 쓰던 책상과 책, 그리고 냉장고며 텔레비전도 다 중고나라에 팔아버리고 쓸 만한 짐 몇 개만 한 달 전, 일본에 배편으로 부쳐버렸다. 그럼 여행이 아니고 살러가는 건데…

"보리, 이제 비행기 이륙하니까 마음 단단히 먹고 기도할 준비해야지."

창밖을 내다보던 보리가 자세를 바로하며 두 손을 모은다.
 작년 여섯 살이 되던 해, 엄마는 기도하는 법을 가르쳐 주었다.
 "비행기가 하늘로 큰소리를 내며 올라갈 때 간절히 기도하면 부처님이 들어주신 대. 그러니까 무서워서 울지 말고 온 마음을 다해 기도하는 거야, 알겠니."
 하지만 그때는 머리가 핑 돌며 귀가 울리고 온몸이 먼지털개처럼 털털거려서 정말 무섭고 소름이 끼쳤었다. 눈물이 찔끔찔끔 나왔어도 소리내어 울지도 못하고 엄마 손을 꼭 잡고 있었는데 이제 일곱 살이 되어서는 의젓해져서 간절한 기도도 곧잘 하게 되었다. 엄마는 보리의 귀에 대고 소근 거리듯 말했다.
 "보리, 아빠 기도도 같이 해줘, 부탁한다…"
 아빠는 다니던 직장에서 해외 발령을 받아 일본으로 가는 길이었다.
 알겠어, 엄마! 보리는 말없이 고개를 끄덕인다.

 하네다 공항에 도착하자 보리는 아이스크림 가게로 쫓아갔다. 보리, 뛰면 안 돼!
 엄마의 다급하고도 나지막한 소리가 화살처럼 날아왔다. 그러나, 작년에는 엄청 맛있었던 아이스크림이 생각보다 맛이 없었다. 사이타마로 가는 길이 조용하고 엄마와 아빠는 말이 없다. 보리는 궁금한 게 많았지만 왠지 엄마 표정이 슬퍼

보여 입을 꼭 다물었다. 사이타마 집은 한국에서 살던 집보다 좁았으나, 어쨌든 방이 세 개라 아빠 서재방과 보리방, 그리고 안방까지 나눠 쓸 수 있어 좋았다. 집은 추웠고 무엇보다 화장실이 추워, 덜덜 떨면서 가다보니 오줌 마려운 걸 참는 버릇이 생겨버렸다. 이를 눈치 챈 엄마가 보리를 불렀다.

"보리, 오줌 참으면 오줌소태 걸려… 아무리 추워도 그렇지 오줌은 참으면 안 돼. 병원 가서 주사 맞고 쓴 약도 먹어야 돼. 엄마 역시 중학교 때 학교 화장실이 더러워서 오줌 참느라 죽을 고생을 했다니까… 일주일 동안 학교도 못 갔어."

결국 엄마는 화장실에 작은 전기난로를 놓아 주었다. 한국 화장실은 따뜻한데 일본은 왜 추운거야… 화장실 갈 때마다 중얼거리며 난로가 있어도 들어가기 전에 켜야 하는 번거로움 때문에 보리는 후다닥 들어갔다가 쏜살같이 볼 일만 보고 손도 씻지 않고 나왔다. 하지만, 일본은 재미있는 게 너무 많았다. 한국은 대형마트에 가야 있는 뽑기기계가 여기는 사방에 깔려 있었다. 조그만 슈퍼나, 식당에도, 심지어 서점에도 뽑기기계가 즐비하게 늘려 있었다.

"엄마, 돈, 돈, 돈…!!!"

말없이 백 엔짜리 동전 두 개를 주던 엄마가 한 달 쯤 지나자 마트 쪽으로 신나게 뛰어가고 있는 보리를 불렀다.

"오늘 부터는 뽑기를 일주일에 한 번만 하면 안 될까? 엄마가 한 달 살아 보니까 뽑기 값이 너무 많이 나가네. 이백 엔이면 방울토마토 열 개를 살 수 있어. 돈가스 한 조각이랑…"

보리가 세상 슬픈 표정으로 엄마를 쳐다본다.
"엄마!"
지난 한 달 동안 장난감 뽑는 재미로 살았는데 웬 날벼락인가 싶다. 사실 보리가 한국에 살 때는 저금통에 돈 떨어질 날이 없었다. 특히 외할머니 집에 가면 대답 잘했다고 만 원, 심부름 잘 한다고 만 원, 노래 잘 못 불러도 이쁘다고 만 원씩 주셨는데 일본 친할아버지에게선 여태 용돈을 받은 적이 없다. 맨날, 스고이! 가와이이! 하면서 백 엔도 주지 않으신다. 쳇! 맨날 최고다, 이쁘다, 말로만 하지 말고 용돈을 좀 주라고... 보리는 할아버지 댁에 갔다가 올 때면 서운한 마음에 저절로 문어 입이 되었다. 그런저런 일로 뽑기 취미가 더 생겼는데 엄마가 그만하라니 보리의 눈에 후둑, 눈물이 떨어진다. 일본, 살기 싫어... 보리는 고개를 푹 숙이고 장을 다 볼 때까지 말이 없다. 엄마는 집으로 돌아오는 길에 문방구에 들러 오백 엔짜리 동전을 모을 수 있는 책을 사주었다. 오백 엔을 백 개 붙이는 지갑같이 생긴 책이었다.

"보리야, 여기 오백 엔 동전을 백 개 모으면 초등학교 들어갈 때 필요한 가방이랑 학용품을 살 수 있어. 일본은 한국하고 달라서 친척들이 네가 필요한 걸 다 사주지 않아. 그러니까 학교갈 준비도 보리 혼자 다 해야 해. 엄마랑 아빠도 한국에 살 때보다 생활비를 더 많이 아껴 써야 하거든, 지금은 어려서 다 설명해 줄 수는 없지만 가족은 서로 돕고 사랑하면서 살아야 하는 거란다."

보리의 차갑던 가슴이 조금씩 따뜻해지면서 자신도 모르게 입가에 미소가 번진다.

"해보자! 동전 모으기."

2019. 12.5
TV에서 코로나가 많이 유행하고 있다고 당분간은 공항폐쇄로 외국여행을 금지한다는 방송을 하였다. 표정이 어두워진 엄마 아빠를 보자 보리도 기분이 우울해졌다. 엄마는 인터넷으로 부처님 사진을 프린트해서 벽에 붙여 서재방에 조그맣게 불단을 마련했다. 목탁대신 손으로 딱딱 박수를 치면서 '천수경'과 '반야심경' '화엄경 약찬게'를 읽어본다. 불단에는 조그만 꽃병과 밥그릇, 국그릇이 놓여졌는데 밥그릇에는 밥을 담았지만 국그릇에는 정수기에서 물을 받아 부처님 앞에 놓고 절을 하였다.

"보리야, 우리 언제 한국에 돌아갈 지 몰라. 그래서 하는 말인데... 잘 들어! 외할머니가 다니시던 절에 가 봤지? 거기 부처님께 절 올리고 기도 했잖아. 엄마가 한글 가르쳐 준 거 기억나니? 네가 아는 글자만으로도 염불을 할 수 있으니까 우리 같이 열심히 기도 해보자. 다시 한국으로 돌아갈 수 있을 때까지..."

"알겠어요, 엄마."

2020. 3. 9

　엄마와 보리는 모처럼 쉬는 날 마트에 장을 보기로 하였다. 마스크는 점점 구하기 힘들었지만 다행히 외할머니가 보내준 마스크가 있어 지내기는 수월했다. 마트에 도착하자 엄마가 깜짝 놀란다. 매대에 휴지와 손소독제며 필요한 물건들이 하나도 없었다. 사람들은 웅성웅성거리고 보리도 처음 보는 광경에 말을 하지 못했다.

　"저... 스미마생."

　나이가 팔십은 넘어 보이는 할아버지가 엄마 앞에 고개를 숙인다. 그리고는 마스크 파는 데를 알고 있느냐고 묻는다. 피곤하고 초라한 모습에, 입은 휴지조각으로 가리고 있었다. 마스크는 구할 수 없다고 엄마가 말하면서 가방을 뒤적거리더니 보리에게 묻는다.

　"보리야, 마스크 다섯 장이 있는데 이거 할아버지 드릴까?"

　고개를 가로 저으려다 할아버지와 눈이 딱 마주치자 보리는 고개를 숙인다.

　엄마가 마스크를 할아버지 손에 쥐어 주고 미안해하는 할아버지를 피해 쏜살같이 주차장을 빠져나왔다.

　"엄마, 우리도 모자라는데 왜 드렸어?"

　"그래도 저 할아버지보다는 많이 있잖아. 한국에 있는 외할아버지 생각이 나서 드렸어. 나이도 많으신데 마스크 구하기도 어려우셨을거야. 아마 가족이 없나 봐."

　집에 돌아온 엄마는 인터넷으로 마스크를 사기 위해 몇 시간 동안 씨름 한 후에야 100장을 겨우 구할 수 있었다. 손소독제도 값이 많이 올랐지만 다섯 병을 넉넉하게 사들고 친할아버지와 고모가 살고 있는 도쿄로 갔다. 할아버지네도 마스크를 구하지 못해 쩔쩔 매고 있었으나 그들을 보고 안도의 한숨을 쉬었다.

보리는 불단의 부처님께 계속 기도했다. 그러면서도 부처님 할아버지께 기도하고 노래할 수 있어서 다행이라는 생각이 든다. 나는 일본에 있지만 하루에도 몇 번 씩 기도할 수 있어 행복한 거야… 돈을 좀 더 모으면 엄마가 염불할 때 치는 손뼉대신 목탁을 사 드릴 수 있게 해달라고 보리는 빌고 또 빌었다.

2021. 4. 8.
초등학교 일학년 담임 선생님은 남자 선생님이었다. 보리는 한 동네에 사는 언니, 오빠들이랑 줄을 맞추어 가는 게 신기하면서도 왠지 기분이 별로다. 맨 앞에 육학년 오빠가, 맨 뒤에는 오학년 오빠나 언니가 서고 한 줄로 순서대로 가는데 앞사람과 말을 해서도 안 되었다. 또한 부모님들이 학교에 데려다 주거나 차를 타고 와서도 안 되는 규칙이 정해져 있었다. 엄마는 자기 키의 반을 차지하는 무거운 란도셀을 메고 가는 모습을 쳐다보니 가슴이 찌릿 아파온다. 일학년 표시인 주황색 운동모자를 쓰고, 잔뜩 긴장한 모습으로 걸어가는 딸을 안아 주고 싶은 마음에 저절로 주먹이 쥐어진다.

부처님, 저 아이를 도와주시고 지켜주세요. 나무 아미타불, 관세음보살…!!!

엄마의 주먹 진 손이 저절로 모아지자 보리는 합장을 하고 고개를 숙인다.

집으로 돌아오면 보리는 동네 공원으로 나가 철봉 연습을 한다. 한국에서는 한 번도 해본 적이 없는 철봉을, 여기 아이들은 너무나 잘한다. 사이타마는 키즈카페도, 놀이시설도 별로 없어 동네 공원에 나와 줄넘기나 철봉, 정글짐을 타고 논다.

보리는 '한국에서 온 못난이' 소리를 듣지 않으려 동영상으로 손유희나 일본어 공부를 하고 철봉을 해질 때 까지 손이 까지도록 돌고 또 돌며 연습을 했다. 이를 보다 못한 아빠가 실내 철봉대를 사오셨다. 방안 가득 이불을 펴놓고 보리는 잠자기 전까지 철봉에 매달렸다.

엄마는 방과 후 수업료가 생각보다 비싸 두 시간 정도 혼자 집에 있게 하였다. 대신 햄스터 '찰떡'을 키우게 하고 30분 정도 게임을 할 수 있도록 해주었다. 보리는 혼자서 현관문을 열 때면 옆에 누가 없나 사방을 돌아본 후 문을 열었다. 가슴이 콩닥콩닥거렸지만 열쇠를 돌려 재빨리 열고 불단으로 가서 절을 한다.

부처님 할아버지, 잘 다녀왔어요. 감사합니다. 그리고 엄마, 아빠도 올 때까지 지켜주세요… 보리는 절을 할 때마다 가슴 저 밑바닥에서 뭉클뭉클 뭔지 모를 간절함이 솟아오른다. 아무도 보지 않는데도 누가 볼까 눈물을 훔치며 엄마가 프린트해 준 천수경과 반야심경, 화엄경 약찬게를 편다. 보리는 그 중에서도 화엄경 약찬게가 제일 어렵지만 왠지 슬픈 노래 같으면서 다 읽고 나면 끝까지 해냈다는 성취감에 제일 좋아한다. '대방광불 화엄경, 용수보살 약찬게' 이것은 4. 3조의 노랫가락과 비슷하다.

학교생활은 지낼만 하였으나 히카리라는 뚱뚱한 여자애가 가끔씩 보리를 괴롭혔다. 히카리는 바로 앞자리에 앉아 툭하면 뒤돌아 보면서 '야, 너 뭐해' 하고 깜짝 놀라게 했다. 보리가 하지 말아 달라고 부탁했지만 히카리는 더욱 더 '야, 야!' 하고 놀래켰다. 속상해할까봐 엄마에게 말도 못하고 있었는데 학교에서 돌아오는 길에 스케이트 보드를 가지고 노는 히카리를 만났다.

"야, 보리. 너 이거 탈 줄 아냐?"

"그래."

"엇쭈, 진짜? 그럼 여기서 타 봐."

히카리는 약간 경사진 곳에다 스케이트 보드를 놓아 주었다. 보리는 비탈길이라 불안했으나 친구들이 보고 있어 거절을 못하고 마음속으로 '부처님 도와주세요.'를 계속 외치며 타고 내려갔지만 쾅당! 넘어지면서 얼굴과 팔을 다쳤다. 엉엉 울고가는 보리를 보고 히카리는 바보라고 놀러대며 웃었다.

그날 저녁, 엄마는 얼굴에 약을 발라 주면서 내일 선생님과 면담을 해보겠다고 하였다. 보리는 고개를 저으며 말했다.

"아니야, 엄마. 내가 못 하겠다고 거절했어야 했는데 잘못했어. 이제 히카리와 친구 안 하면 돼. 그거보다도 엄마 마음을 아프게 해서 미안해. 근데, 나 지금 불단에 가서 노래하고 싶어."

보리는 엄마와 함께 틀리지 않으려고 손으로 꼭꼭 짚어가며 '화엄경 약찬게'를 읽었다. 엄마는 딸의 슬픈 목소리를 들으면서 눈물을 참으며 읽느라 천천히 읽고, 보리는 틀리지 않는 데만 집중해서 엄마의 눈물을 보지 못했다.

2021. 5.23

코로나가 더욱 더 기승을 부리고 아빠는 한국으로 돌아가지 못하게 되었다고 말했다. 보리는 개어 놓은 이불을 걷어차며 소리 질렀다.
"코로나! 내가 정말 죽여버릴 거야. 내가 꼭 복수 할 거야.. 한국도 못 가고… 외할머니가 보고 싶어. 엉엉엉"
엄마는 보리를 달래지 않고 이불을 계속 걷어차고 있는 모습을 바라만 보고 있었다.
며칠 후, 도쿄에 살고 있는 애리 고모가 놀러왔다. 마스크를 선물한 댓가로 보리에게 자전거를 사주러 왔는데 아기 '치이로'를 데리고 왔다. 세 살인 '치이로'는 개구장이이였지만 보리는 조그만 손과 발이 귀여워 계속 조물락거리고 있었다.
고모가 간 뒤 보리는 엄마에게 부탁이 있다고 말했다. 그런데 귓속말을 들은 엄마는 눈을 동그랗게 뜨고 다시 물어보았다.
"뭐? 동생을 낳아 달라고? 아기랑 너랑 열 살이나 차이가 나는데?"
그 말에 아빠도 거실로 달려 나왔다.
"보리, 정말이야?"
"응, 엄마가 힘들면 내가 도와주고 동생도 내가 키울게."

보리의 말에 모처럼 세 가족이 거실에서 웃음꽃을 피운다.

2021. 11. 24

아빠 회사가 코로나 때문에 문을 닫게 되었다는 통보를 받자 보리네 가족은 살기가 더욱 힘들어졌다. 아빠는 새로운 일자리를 찾기 위해 매일 지하철을 타고 도쿄로 나가고 엄마는 몸이 계속 안 좋아져 케이크 가게를 그만 두었다. 그런데 엄마가 물만 먹어도 토하기 시작했다. 하루에도 열 번 이상 토하고 자꾸 잠만 자는 엄마를 보면서 보리는 겁이 덜컥 났다. 엄마가 토할 때면 미지근한 물을 들고 화장실 앞에 서 있는다. 등을 두드려주고 싶지만 엄마는 토하는 모습을 못 보게 했다. 우우우웩! 하고 토하는 소리는 보리의 가슴을 찌르는 듯이 아프게 했다.

처음에는 그냥 듣고만 있다가 점점 보리가 울기 시작했다. 차라리 내가 대신 토해주고 싶어... 같이 울고 토하고 나면, 엄마를 눕게 하는 것만이 보리가 할 수 있는 일이었다. 한 손에는 물 컵을, 한 손에는 베게를 들고 서 있는 딸의 모습에 엄마는 저절로 눈물이 나왔다. 하지만 토하면서 나온 눈물이라고 보리에게 말했다.

한 달 이상을 참다못한 엄마는 한국에 편지를 썼다. 잘 있으니까 늘 걱정 말라고 하던 엄마가 외할머니께 사실 그대로 말했다. 생활이 어려워진 보리 아빠와 보리 동생에 대해서 기도해달라고 ...

2022. 4. 23

보리와 엄마는 하네다 공항에 왔다. 외할머니께서 일본에 오시는 날이기 때문이다.

그간 아빠는 일본에 있는 스위스 회사에 취직이 되었고 엄마의 배는 남산만해졌다. 보리는 외할머니와 약속대로 엄마를 딸처럼 보살폈다. 외할머니가 '사이타마에서 온 편지'를 읽고 보리에게 전화를 했기 때문이다.

"보리야, 엄마가 아프다며? 근데 그게 보리 때문에 아프다는데… 보리가 동생 낳아달라고 했어? 할머니가 코로나 때문에 갈 수 없으니까 할머니 대신 엄마 좀 보살펴. 할머니 대신이니까 보리가 엄마가 되는 거야. 가끔씩은 딸이 되도 되고.."

보리는 엄마의 배가 부풀어 오를 때마다 자신이 자랑스러워졌다. 딸 노릇도 좋지만 엄마의 엄마가 되어 동생이 들어있는 배를 만져 보는 것도 좋고, 엄마의 심부름도 힘들지 않고 즐거웠다. 이제는 아침 일찍 눈을 뜨면 국그릇에 찰랑찰랑 물을 담아 불단에 올리고, 학교 갔다와서 세탁기에 빨래를 돌리거나 빨래를 개는 것은 식은 죽 먹기가 되었다.

삼 년 전에 먹어본 녹차 아이스크림 맛이 궁금하지만 외할머니랑 함께 먹기로 하고 보리는 콩닥거리는 가슴을 붙잡는다. 저만치서 할머니가 천천히 걸어오고 있다.

엄마가 배를 만지며 '붙뜰아, 외할머니야 인사해. 저기 오시네' 하며 숨 죽여 흐느끼고 보리가 뛰어간다.

"할머니이!!!"

"아이고! 내 딸이랑 손주, 살아 생전에 못 보는 줄 알았네."

"엄마, 엄마…!!!"

"우리 붙뜰이, 엄마 잘 붙잡고 있었구나, 아이고 기특해라… 그런데 제일 기특하고 장한 거는 우리 보리다 아이가. 보리야. 니가 느그 엄마 살렸데이. 인자 죽어도 여한이 없네. 아이고 장하다, 내 새끼들…"

크고 넓은 하네다 공항에도 따뜻한 봄바람이 나비처럼 살랑살랑거린다.

〈2022. 1. 1 신춘문예〉

〈부록2〉

신춘문예 입상소감

마흔아홉이 되던 해, 머리를 밀었다.

그때 아이는 초등학교 5학년이었다.

엄마라고 부르지 못하게 하고 '이런 엄마 만난 것도 네 운명이야!' 하며 잘 만나주지도 않았다. 아이는 울면서 말했다. 왜 스님이 되었냐고…

딴 사람은 빌어주면서 나는 왜 안 빌어주느냐고… 내가 말했다. 너는 부처님 자손이니까 네가 빌어… 그 후 아이는 시험 때면 절을 찾아와 백 원짜리 동전 다섯 개를 부처님 계신 상단에 쪽지와 함께 포개놓고 절을 했다.

'부처님 할아버지, 저 중간고사 시험 잘 보게 해주세요.'

그 아이가 서른네 살이 되어 일본에 있다.

아이가 자라도록 영어과외나 학습지 한 번 안 시켜주었지만 엄마가 산에 들어가서 안 나올까봐 죽도록 공부했다는 딸, 이화여대에서 심리학 석사학위를 받았다.

아이가 어릴 때는 '스님 공부' 때문에 돌보지 못했고, 이제 칠십이 눈 앞이라 애들 좀 챙겨 보려니까 코로나가 기승을 부려, 몇 년 동안 손 한 번 잡아 보지 못했다.

그 막연함을 글로 써 보고자 삭발염의 후, 접었던 문학의 꿈을 조심스레 꺼내 간절한 마음으로 이 글을 쓴다. 부처님의 가피와 계산법이 얼마나 정확하신지… 울컥 눈물이 솟는다. 또한 할머니 대신 엄마를 돌 본 손녀, 소윤이의 소망을 글로 남길 수 있음을 한국불교신문에 감사드린다.

부처님께 한없이 고마운 마음을 법신진언으로 전하며.

옴 아비라 훔캄 사바하!

민재보현 합장

〈부록3〉

이생망의 등불 반야심경

　실담범자연구회 경전반에서 강의하시던 법헌 스님이 내게 물었다.
　"자아수?"
　대답을 망설이니까 칠판에 '自我誰'를 한자로 쓰시더니 우리 보고 나는 누구인가.. 어떻게 살아 왔나를 계속 질문하셨다.
　오늘은 반야심경을 실담범자로 쓰기 전에 이론 수업으로 주제는 공사상(空思想)에 대해서였다.
　나는 누구이고 어떻게 살아왔는지... 큰스님께서 재차 물으시기에 무심결에 튀어나온 말은,
　"이생망이요"
　"뭐 ? 이생망, 그게 뭐야."
　"이번 생은 망했다고요."

도반들이 크게 웃자 딱딱했던 수업 분위기가 누그러졌다.
절에 돌아와 수업내용을 정리하던 중, 자아수(自我誰)에 대하여 다시 생각해 보았다.

나는 부산에서 팔남매의 막내딸로 태어났다.
일제강점기 시절 아버지는 오오사카에서 철도기관사로 일하셨고, 어머니는 오카야마에서 헌책방과 고물상을 하셨던 터라 책을 읽고 스크랩북을 만드는 게 취미셨다. 자식들에게 필요한 지식을 스크랩해서 읽어주실 때마다 엄마 껌딱지였던 나는 자연히 그 내용들을 숙지하게 되었는데 철이 들면서 엄마와 틈나는 대로 '적과 흑' '장발장' '테스' 등 소설에 대한 이야기를 나누게 되었다.

1966년 2월 동아일보에 '서울은 만원이다'라는 연재소설이 실렸는데 중학생이었던 나는 새벽에 신문 오는 시간을 기다렸다가 대문 앞에 쪼그리고 앉아 덜덜 떨면서 읽곤 했다. 주운 겨울이었지만 나의 문학에 대한 열망은 추위를 잊게 했다. 아버지가 이를 알고 신문을 먼저 읽게 해주셨다. 응접실에서 편안하게 읽었던 때가 좋았는데, 나중에는 책을 들면 밥을 굶다시피 하는 막내딸에게 책을 빼앗아 불태워버리라는 명령이 떨어졌다. 영양실조로 얼굴에 버짐이 피고 30킬로도 안 되는 모습이 아버지는 당시 동네에서 꽤 부잣집이었는데, 그 딸의 창백한 모습이 보기 싫으셨던 것이다. 1973년부터는 작은언니와 함께 서울 대신동에서 살았다. 박정희 유신정권으로 긴

급조치가 발효되면서 이화여대 학생회장이었던 작은언니와 당시 연인으로 감리교신학대학 학생회장인 형부는 툭 하면 종로경찰서에 수감되었다. 그러다 긴급조치 4호 위반, 민청학련사건과 반공법 위반등으로 서대문구치소에 형부가 투옥되면서 언니는 종로5가 기독교회관에서 구속자 석방을 위한 집회를 하였다. 거기서 나는 이희호 여사, 소설가 박경리 선생님, 시인 김지하 선생님의 부인 김영주님, 씨알의 소리 대표이신 함석헌 선생님, 그리고 소설가 이호철 선생님을 만났다. 당시 이호철 선생님은 반공법 위반으로 징역 1년 6개월, 3년의 집행유예를 받으셨는데, 나는 어릴 적 '서울은 만원이다'를 읽은 연유로 무작정 선생님이 좋았다. 나중에 선생님은 김대중 내란음모죄에도 가담하셔서 힘드셨을 때도 나는 자랑스럽고 뿌듯했다. 그러저러해서 선생님의 제자가 되었고 나의 문학수업은 치열하게 전개되었으나 선생님은 제자라고 해서 봐주지 않으시고 글이 마음에 들지 않으면 원고를 공중으로 집어던졌다.

"이걸 글이라고 썼나! 나는 글 못쓰는 사람 등단 안 시켜줘. 너 스스로 서라. 너도 목적이 있어서 내 제자가 되었잖니? 제자라고 봐주지 않아…"

당시만 해도 누구누구 제자라면 거의 등단을 시켜주는 판국이었는데 선생님은 비리를 용납하지 않으셨다.

그러다 몇 년 세월이 가고 신춘문예에 단편소설이 당선되고 연이어 '한국문학'과 '펜과문학'에 등단하게 되었다.

이게 나의 문학 입문기라면 지금부터는 불교에 대해서 이야기하려 한다.

오오사카에서 포목점을 크게 하셨던 친할머니는 해방이 되자 모든 가게를 버리고 부산으로 오셨다. 아버지는 농협조합장(농협 전신)에서 소금배급소를 운영하시다가 자식이 많아지니까 사업을 하셨는데 할머니는 한 달에 한 번씩 절에 쌀가마니를 실고 불공을 드리러 가셨다.
그에 어머니도 절에는 못 가시지만 집에서 반야심경을 사경하셨다.
특히 몸이 약한 막내딸을 위해 축원을 잊지 않으셨는데, 열아홉 되던 해 서울 가는 내 주머니에 반야심경 쓴 종이를 넣어주시면서,
"아가, 이게 너를 지켜줄꺼레이. 단디 지니고 있거레. 부처님이 니 품속에 있다 아이가. 삼세제불님이 니를 옹호하실끼라…"
하지만 나는 엄마와 헤어지는 슬픔에 뜻도 모르는 반야심경을 그저 방편으로만 생각했다. 그 이후로도 엄마의 반야심경은 삼십 년이 지나도록 계속 되었다.
마흔아홉 되던 해, 나는 문득 살기가 싫어졌다. 남편은 은행 지점장이고 아이들도 무탈하니 잘 크고 있는데 나는 우울증으로 어떻게 죽어야 아이들이 덜 충격을 받을까.. 궁리만 하고 있었다. 16층 아파트에서 창밖만 하염없이 내려다보고

잠이 안 오면 새벽 세 시에도 일어나 산을 헤매고 다녔다.

어느 날 등산을 마치고 나무등걸에 앉아 땀을 식힐 무렵 새벽이 희붐하게 밝아오는 빛 사이로 작은 거미 한 마리가 줄을 타고 내려왔다.

그걸 본 순간 나도 모르게 눈물이 나왔다. 저런 미물도 날 밝았다고 나오는 데 나는 아이 둘을 두고 죽기만 바라고 있나…

딸의 이상한 행동 때문에 집에 와 계셨던 어머니는 내가 삭발염의를 하겠다고 하니까 자리보전하고 누우셨다. 친정아버지는 부산 사리암에 1960년 말 천만 환을 시주하셨고 큰오빠는 울산에 큰 절을 두 개나 시주하셨음에도 가족들은 스님이 되는 것을 적극반대하였다. 결국 모든 인연을 스스로 끊고 불교에 귀의했다. 며칠을 누워계시던 어머니가 나를 불러 앉혔다.

"꼭 머리를 밀어야 되것나."

"엄마… "

"그라모 앞장 서거레. 내 딸 맡긴 죄로 인사 가야 쓰것다."

어머니는 경기도 법원리와 봉원사. 일산에 계시는 세 분의 스님께 큰절을 올리고 딸을 잘 가르쳐 달라고 울먹이며 당부했다. 법원리에서 돌아오는 길 늦은 점심을 먹으러 식당에 갔더니 주인 아주머니의 쳐다보는 눈빛에 연민이 가득하다. 늙은 어머니와 새파랗게 머리 밀은 스님… 우리는 떡만두국을 일 인분만 달라고 하였는데 둘의 표정이 얼마나 우울했는지 이 인분 같은 떡만두국이 나왔다.

"아이고 예, 우리 이거 다 못 묵심니더. 입맛이 없어가 한 개만 시킷는데 우자꼬예… 미안하게 됐십니더…"

어머니의 목소리가 떨렸지만 나는 외면했다. 살려면 이길 뿐이라고 곱씹고 또 곱씹으면서…

그렇지만 불교는 녹록지 않았다. 우선 한자투성이의 법요집, 경전들, 범음범패, 소리의 고하자들, 구전으로 전승되어 악보도 없이 소리를 배워야 하는 것은 수행 그 자체였다. 명색이 소설가이면서도 뜻도 모른 채 재의식을 치러야만 했다.

더욱 답답한 노릇은 교수 스님들조차 뜻을 모르니 질문하고 망신당하기 일쑤라 혼자 어원을 찾느라 애를 먹었다.

눈물 바람을 수없이 하면서 20년 세월이 흘러 이제야 느끼는 것은 이것이 '부처님 공부구나' 하는 것이다. 그러나 2017년, 실담범자와 로마나이즈, 망월사본 진언집을 공부하면서 나는 후회가 파도처럼 밀려왔다. 이걸 20년 전에만 알았더라면 얼마나 좋았을까… 안타까운 마음에 밤을 세워 진언을 쓰고 또 쓰다보니 밥 먹는 것도 잊어버려 병원에 몇 번을 실려갔다. 언제 죽을 지 모른다는 절박한 마음에 정말 죽기 살기로 재의식에 쓰이는 진언을 연구했다. 천수경의 정구업진언에서 13개의 진언, 관음시식에서는 헌좌진언부터 보회향진언까지 18개의 진언이 쓰인다.[1] 영산재에서는 연구자마다 틀리기는 해도 70여 개의 진언이 있다.[2] 아무도 알아주지 않는 일! 나 혼자만 바빴다. 그러면서 '신묘장구대다라니'를 삼 년동안 실담범자로 기도하듯 매일 써서 인연 닿는 곳에 나눠주었다.

한 달 전부터는 반야심경을 쓰기 시작했는데 꿈에 어머니가 오셨다.

"엄마, 지금부터 내가 반야심경을 매일 써 드릴게요."

엄마는 말없이 웃고 계셨다. 50년 전, 부처님을 품에 안겨주듯 반야심경을 써서 안겨주셨던 분... 이제 내가 회향할 차례이다.

하지만 경면주사는 아교로 개고 오죽 수액을 섞어도 온 방이 붉은 가루로 도배된다. 또한 비싸기도 해서 먹물로 글을 쓰는 경우도 많았지만, 왠지 엄마 품속같이 항상 아늑하고 편안하다. 또 발바닥이 빨개지지도 않아 씻지 않아도 된다. 하루에 두 장, 매일 쓰지만 질리지도 않고 책상 앞에 앉기만 해도 설레어서 가슴이 뛴다. 반야심경은 한자로는 270자이지만 실담범자는 465자로 꽤 길다. 그러나 반야심경을 마주한 순간 모든 번뇌 망상과 걱정이 순식간에 사라지면서 피안의 세계가 저절로 펼쳐지는 것 같다. 불교의 모든 경전은 문학적 가치가 높고 위대하다. 그 중 우리에게 가장 친숙한 '반야심경'이 우리를 이생망에서 해방시켜주시려나...

옴 아비라 훔캄 사바하

(월간불교. 2023. 4월호)

---

1) 민재보현, 2020. 「영산재의 작법별 진언다라니 연구」 69-70 pp. 2020 영산재 학술세미나
2) 법현 스님 42개 (석사학위논문) 만춘스님 57개(박사학위논문), 민재보현 68개

민재보현 스님의 동화로 읽는
화엄경 약찬게 ❶

초판 1쇄 인쇄   2024년 3월 29일
초판 1쇄 발행   2024년 3월 29일

지은이	민재보현
펴낸이	도성
펴낸곳	보리와 선재/ 가을기획
책임편집	위슬기
책임교정	김진양 이주영
디자인	다다 (김다희)
삽화	서연진
등록	2024년 1월 26일
주소	우)10282 경기도 고양시 덕양구 통일로 554번길 89 보현정사
이메일	bohuem54@hanmail.net
전화	031-963-0858

©민재보현 2024
ISBN 979-11-987083-1-1

* 이 책의 내용 전부 또는 일부를 사용하려면 반드시 지은이와 보리와 선재 양측의 동의를 받아야 합니다.
* 잘못된 책은 출판사로 전화하면 바꾸어 드립니다.